111 Gründe, Bier zu lieben

MARC HALUPCZOK

111 Gründe, BIER zu LIEBEN

Das Buch gegen den Durst

SCHWARZKOPF & SCHWARZKOPF

INHALT

Für Prinzessin Pink,
die so gerne holländisches
Grachtenpipi trinkt

Ein Prosit auf das beste Getränk der Welt

Dieses Buch ist dem größten Getränk aller Zeiten gewidmet: dem Bier. Natürlich gibt es viel mehr als 111 Gründe, diesem Genussmittel einen Altar zu bauen, allein wenn man die Vielzahl unterschiedlicher Sorten und Marken bedenkt. Aber wir wollen es ja nicht gleich übertreiben.

Bier ist der ideale Durstlöscher im Sommer, dein Freund bei einer Heimniederlage im Stadion, Essensbegleiter, Anti-Aging-Produkt und Feierabendbelohnung. Das Getränk, das sehr wahrscheinlich nur durch Zufälle von unterschiedlichen Stämmen und Volksgruppen entdeckt wurde, hat eine unglaublich lange und lebendige Geschichte hinter sich und mit Sicherheit noch einiges vor. Dieses Buch soll einen kleinen Überblick von den ersten Spontangärungen in Mesopotamien bis hin zu den modernen Craft-Bieren geben, erhebt dabei aber zu keinem Zeitpunkt einen Anspruch auf Vollständigkeit. Vielmehr sollen auch die abgelegenen Pfade begangen, Kuriositäten ans Licht gezerrt und humoristische Aspekte des Gerstentees beleuchtet werden.

Zu diesem Zwecke hat sich der Autor in die Untiefen der deutschen und internationalen Braukunst begeben, hat getestet (ein schweres Opfer, da man, anders als bei Kaffee- oder Weinbeprobungen, das Getränk nicht wieder ausspucken darf. Das gebietet die Ehre vor dem Produkt und dem Brauer), probiert, geschnuppert, zugehört, nachgeschlagen und notiert. Das Bier-Universum ist eben unendlich weit, und wie schnell hat man sich darin verlaufen. Gerade am Ende eines arbeitsreichen Tages.

Johann Wolfgang von Goethe, ein nachgewiesener Freund von Hopfen und Malz, schrieb einmal: »Bestaubt sind unsre Bücher, der Bierkrug macht uns klüger. Das Bier schafft uns Genuss, die

Bücher nur Verdruss.« Man ist versucht, dem Mann zu widersprechen, aber da er nun mal ein Universalgenie war, bringt das nichts. Trotz Goethe liegt nun ein weiteres Buch zum Thema Bier vor, das die Brücke schlägt zwischen Ninkasi, der Göttin des Alkohols, mittelalterlichen Bieren, die längst aus dem Alltag verschwunden sind (oder plötzlich wieder auftauchen), Ausscheidungen von Elefanten, die eingebraut werden, und bösen Geistern aus dem heutigen Sudan, die sich nur mit einem kräftigen Schluck Bananenbier bekämpfen lassen. Und wer weiß, vielleicht wird der eine oder andere ja motiviert, ein bestimmtes Bier zu probieren, mal wieder eine Brauereibesichtigung zu unternehmen, sein täglich Brot als Biersommelier zu verdienen oder unter die Hobby-Brauer zu gehen?

Was auch immer Sie vorhaben, tun Sie es. Denn das Bier benötigt unsere Hilfe. Laut Statistischem Bundesamt ist der Bierabsatz seit dem Jahr 2007 konstant rückläufig, alkoholfreie Biere und Malztrunke ausgenommen. Im Jahr 2013 wurden exakt zwei Prozent oder 1,9 Millionen Hektoliter Bier weniger abgesetzt als im Vorjahr. 1,9 Millionen Hektoliter! Damit könnte man ein durchschnittliches Dorfschützenfest für mindestens zwei Tage beliefern. Vielleicht sogar zweieinhalb. Okay, der Absatz von Biermischgetränken ist verständlicherweise rückläufig, fast zwei Prozent bunte Biermischungen weniger wurden verkauft. Das ist ja auch okay. Aber was ist mit dem guten alten Pils, dem Weizenbier oder dem Export? Da ist doch nichts dran, das schmeckt doch so gut wie immer! Die Brauereien haben unter dieser Entwicklung natürlich am heftigsten zu leiden. Und natürlich sparen sie, wo sie können. Industrieller Hopfen statt Qualität, selbst die hauseigenen Mitarbeiter bekommen nicht mehr so viel Freibier (Haustrunk) wie noch 2012 (minus 6,5 Prozent). Das ist eine Abwärtsspirale, an deren Ende eine Welt steht, in der es nur noch die Wahl gibt zwischen Hibiskusblütentee und Kräuterlimonade. Das kann doch niemand ernsthaft wollen?

Die Schuld für den massiven Rückgang sehen die Brauereien und Bierlager in verschiedenen Punkten. Gerne bemüht wird das

Wetter. Denn wenn es regnet, schneit und windet, setzt sich niemand in den Biergarten, ein wichtiger Faktor für das Gewerbe. Da aber wohl niemand ernsthaft behaupten wird, dass es vor 20 Jahren keinen Winter gegeben hat, ist dies zu vernachlässigen. Die gesunde Ernährung, die immer mehr Mitbürgern wichtig wird, spielt sicher eine Rolle. Das gefühlt sinkende Einkommen, dem die Brauereien mit Rabattaktionen entgegenzuwirken versuchen (was bisweilen in einem ruinösen Preiskampf mündet und weiter münden wird), ebenso. Auch hat das traditionelle Feierabendbierchen, das mit Kollegen getrunken wurde, dank flexibler Arbeitszeiten vielfach ausgedient. Heute macht ja jeder, was er will. Aber tatsächlich ist wohl der demografische Wandel der Hauptübeltäter. Während jeden Tag Hunderte ehemals leistungsstarke Biertrinker wegsterben, kommt zu wenig nach. Sowohl quantitativ (ihr macht einfach zu wenige Kinder, Leute) als auch qualitativ. Denn die Jugend von heute gibt sich nur noch selten mit einem Pils von der Stange zufrieden. Ausgefallene Kreationen und Mischgetränke sind im Trend, Bier ist was für Opas. Vielleicht trägt die Brauereizunft daran auch eine Mitschuld, denn über Jahrzehnte wurde das Bier als eher konservatives Getränk angepriesen. Logisch, dass es damit irgendwann mal aus der Mode kommt. Aber dass es gleich so ausartet …

Sie sehen, die Lage ist ernst. Also, schicken Sie die Kinder ins Kino, holen Sie sich Ihr Lieblingsbier aus dem Kühlschrank (oder andersherum), von mir aus zünden Sie sich auch ein Hanfbier an und tauchen Sie ein in die Welt von Kräusen, Farbebier und Reinheitsgebot. Gute Unterhaltung! Oder um es mit den Worten der unsterblichen Comicfigur Werner zu sagen: »Hau wech, den Scheiß!« Aber bitte, lesen Sie verantwortungsvoll und im Falle einer Schwangerschaft nur nach Rücksprache mit Ihrem Arzt oder Apotheker!

Marc Halupczok

Kapitel 1

Geschichtliches

Grund 1

Weil es von vielen erfunden wurde

In einem unbekannten Land … Na gut, eigentlich ist der Fruchtbare Halbmond, ein Gebiet im Norden der arabischen Halbinsel – das heutige Territorien von unter anderem Ägypten, Iran und Irak umfasst –, unter Geschichtsforschern ziemlich bekannt. Hier soll sich die erste menschliche Hochkultur entwickelt haben, hier gibt es einige der ältesten je entdeckten Überreste von Städten. Und hier wurde höchstwahrscheinlich auch das Bier erfunden. Logisch, denn was soll ein hochkultureller Mensch in einer Stadt, wenn es kein Bier gibt?

Die Entdeckung vor rund 10.000 Jahren dürfte allerdings eher ein Zufall gewesen sein. Weil die unterirdischen Kammern nicht wasserdicht waren, wurde aus dem gesammelten Getreide erst ein Brei und dann Bier, was als Wink der Götter gedeutet wurde. Aber auch der frühe Mensch war kein Idiot und experimentierte ein wenig mit dem Himmelsgeschenk herum. Gerste und Weizen wurden kultiviert und alsbald zur perfekten Grundlage für das neue Getränk, das sich steigender Beliebtheit erfreute. So zumindest die Vermutung der Forscher, doch da zu diesem Zeitpunkt noch niemand die Schrift erfunden hatte, gibt es hierfür leider keine Beweise.

Die tauchen rund 3.400 Jahre vor Christus erstmals auf, bei den Sumerern, Ägyptern und Babyloniern, die allesamt im Fruchtbaren Halbmond abhängen und sich einen hinter die Binde schmettern. In diesem Gebiet sind Hieroglyphen und Überreste längst untergegangener Stammtische enthalten, aus denen sich erste Rezepturen und sogar Schankordnungen ablesen lassen. Und es gibt sogar eine Göttin des Suffs: Ninkasi, aus dem sprudelnden Wasser geboren und die Mutter aller Brauer. Sie brachte uns Menschen das Geheimnis des göttlichen Trunks, weshalb bis heute diverse Biere, Brauereien und Gaststätten nach ihr benannt sind. Doch zurück zum Fruchtbaren Halbmond: Dort, wo einem aus religiösen Gründen heute unter Umständen Peitschenhiebe oder gar die Todesstrafe erwarten, wenn man sich betrinkt, wurde das Zechen also erfunden und diesem wunderbaren Hobby sogar eine eigene Gottheit gewidmet. Ironie der Geschichte.

Kein halbes Jahrhundert nach dem großen Schützenfest von Babylon werden auch in Europa, unter anderem in Dänemark, erste Brauexperimente unternommen. Sollte da vielleicht ein findiger Geschäftsmann aus dem arabischen Raum per Schnellboot gen EU gedüst sein, um sein Patent an den Brüsseler Bürokraten vorbei an den Westen zu verhökern? Nein, ganz so weit war man damals glücklicherweise noch nicht. Vielmehr wird vermutet, dass die Entdeckung auch in unseren Breitengraden zufälliger Natur war. So kompliziert ist der Vorgang ja nicht, ein blödes Brot und ein bisschen Wasser. Das kommt in den besten Haushalten mal vor, wie man in Landsberg, Stadelheim oder Santa Fu sicher gerne bestätigen wird.

Die arroganten Römer hingegen malträtierten ihre Leber lieber mit Wein und glaubten, das Bier der weiter nördlich angesiedelten Germanen sei lediglich der kümmerliche Versuch, den Rebensaft der edlen Herren zu kopieren. Dreimal laut gelacht, Cäsaren-Pack! Erstickt doch an eurem vergorenen Traubensaft!

Auch die Kultivierung des Hopfens im 8. Jahrhundert nach Christus hatte Einfluss auf die Verbreitung des Bieres, allerdings dauerte es lange, bis sich das Hanfgewächs (Ach, tun Sie doch nicht so!) als Bierzutat durchsetzen konnte. Vorher wurde häufig Gagel (auch als Noppenkraut oder Waschbaum bekannt) verwendet, in anderen Gebieten waren die sogenannten Grutbiere beliebt. Dabei wurden und werden regionale Kräutermischungen zur Würzung des Bieres verwendet, wobei auch Gagelbier Grutbier genannt werden kann.

Ganz schön kompliziert. So weit trieben es die ersten »Braumeister« nicht. Die gossen sich einen frischen Schluck Quellwasser übers Fladenbrot, prosteten Ninkasi zu und waren glücklich. Geht doch!

Grund 2

Weil es Schimmel und Kriegen trotzt

Die Lebensweisen der Menschen im Spätmittelalter, während der Renaissance, der Reformation und im Barock sind hinreichend erforscht, in jeder piefigen Kleinstadt findet im Wochentakt eine Ausstellung zum Thema statt. Egal, ob Wohnraum, Waffen, Essen oder Liebesgewohnheiten, wir wissen alles von unseren Urahnen. Sogar welche Biere sie getrunken haben. Zum Beispiel diese hier:

Grundsätzlich ist festzuhalten, dass die meisten mittelalterlichen Biere bis in das 15. Jahrhundert sogenannte Grutbiere waren. Wie erwähnt war Hopfen noch nicht so weit verbreitet, deshalb wurden Pflanzen wie der Grutstrauch oder der Sumpfporst zum Würzen verwendet. Besonders letztgenannte Pflanze war nicht ohne, denn sie rief bei zu hoher Dosierung Wutanfälle bis zur totalen Raserei hervor. Auch besaßen diese Pflanzen nicht die antimikrobiellen Eigenschaften des Hopfens, weshalb die Biere schneller verdarben. Dies ist auch der Grund, warum sich der Hopfen schließlich durchsetzte.

Das Werdersche Bier aus dem Umfeld von Berlin wurde bereits mit Hopfen hergestellt und tauchte erstmals im frühen 17. Jahrhundert auf, wurde anfangs aber nur in kleinen Mengen gebraut. Später machte das Getränk eine kurze Karriere als Arznei, es wurde aufgrund seiner Bekömmlichkeit vor allem Wöchnerinnen und Rekonvaleszenten empfohlen. Wahrscheinlich nicht die beste Idee.

Noch bekannter war das Lichtenhainer Bier aus der Sächsischen Schweiz, dessen Ruf bis heute nicht kleinzukriegen ist. Das Bier soll eine deutlich saure und rauchige Note gehabt und eher dünn geschmeckt haben, war allerdings sehr beliebt. Erstaunlich, denn zusätzlich besaß das Lichtenhainer eine starke Trübung und man konnte sich nie ganz sicher sein, wie weit der Gärprozess eigentlich schon fortgeschritten war. Deshalb wurde es bevorzugt auch in hölzernen Krügen ausgeschenkt. Nicht, dass sich jemand von der Optik abgestoßen fühlte.

Ebenfalls noch recht bekannt ist das Danziger Jopenbier, wobei die meisten Biere von vor einigen Hundert Jahren Jopenbiere waren. Jope bedeutet so viel wie Schöpfkelle. Und tatsächlich wurden Biere in früheren Jahrhunderten gerne in riesige Bottiche gefüllt und schöpfkellenweise für den Hausgebrauch verkauft. Mit einem Extraktgehalt von bis zu über 50 Prozent war die Danziger Variante etwas ganz Besonderes und erinnerte vermutlich eher an die Braunschweiger Mumme. Pur war der Sud jedenfalls kaum zu genießen, es wurde häufig zum Verfeinern von Soßen oder Suppen verwendet und bis ins 19. Jahrhundert hinein exportiert. Die Herstellung dürfte nicht jedermanns Sache gewesen sein, denn das Bier wurde in besonderen Gärschuppen zum Gären gebracht. Diese waren von der Decke bis zum Boden mit Schimmel überzogen, der für das richtige Aroma (soll an Portwein erinnert haben) sorgte. Diplom-Braumeister Jens Hofmann beschreibt es so: »In der ersten Phase überzog sich die Würze, in die keine Hefegabe erfolgte, mit einer weißen Schimmelschicht, die innerhalb von zwei bis drei Wochen in Grün/Blau überging. Dann entwickelten sich Gärblasen, die begannen, die Schimmeldecke zu heben. Jetzt wurde die Decke abgehoben, und die Gärung verstärkte sich. Der Bottich wurde dann mit einem Deckel, in dessen Mitte ein Loch war und der mit einer umlaufenden Rinne versehen war, verschlossen. Die nur halb gefüllten Bottiche schäumten während circa 14 Tagen stark über und das überlaufende Bier wurde in Wannen gesammelt und zurückgeschüttet. Die Nachgärung im Bottich dauerte weitere zwei bis vier Wochen, dann kam die Gärung zum Stillstand und das Bier überzog sich wieder mit einer grünlichen Schimmeldecke. In diesem Zustand blieb das Bier nun, je nach Absatzentwicklung, bis zu einem Jahr liegen. Vor dem Verkauf wurde es durch Säcke filtriert und üblicherweise auf 13-Liter-Fässer abgefüllt.«[1]

Wesentlich weniger ist über das Güstrower Kniesenack bekannt. Die Spezialität aus Mecklenburg-Vorpommern war ein starkes und würziges Bier (die Übersetzung aus dem Slawischen für das Wort »Kniesenack« lautet »Herrenbier«) und wurde wahrscheinlich im frühen 17. Jahrhundert, vielleicht noch früher, erfunden. Es konnte sich mehrere Hundert Jahre lang halten, erst im 19. Jahrhundert wurden lange Braupausen gemacht, bis es schließlich ganz verschwand. Allerdings existiert eine Lobschrift auf das Bier, dem eine magische und mystische Wirkung nachgesagt wurde. Das Büchlein trägt den handlichen Titel *Encomium oder Lob-Spruch des weltberühmten/ gesunden/ kräfftigen und wohlschmeckenden Gersten-Biers Kniesenack genannt/ Welches im Mecklenburgischen Lande zu Güstrau seinen Ursprung bekommen und anjetzo daselbst gebrauet wird* und stammt aus dem Jahr 1624.[2] Das in einem Antiquariat wiederentdeckte Kleinod ist eine Abschrift des Hofmedicus Georg Detharding aus dem Jahr 1706. Deutet man die dort aufgeführten Fakten zum Kniesenack, dürfte es unter heutigen Vorstellungen wohl ein Braunbier gewesen sein.

Ebenfalls in diese Auflistung gehört das Grätzer Bier, ein Bier, das ausschließlich in der gleichnamigen Stadt (Grodzisk Wielkopolski) im Osten des heutigen Polen gebraut wurde. Die Besonderheit hierbei: Es werden verschiedene süßere Malzsorten und Weizenmalz mit Eichenraucharoma verwendet. Das Bier soll eine lange Tradition haben (wahrscheinlich wurde es im späten Mittelalter erfunden), geriet schließlich in Vergessenheit, wird heute aber wieder in Heimbrauereien angesetzt. Die letzte bekannte Variante aus den Neunzigerjahren des letzten Jahrhunderts hatte nur einen Alkoholgehalt von 2,3 Volumenprozent, die früheren Varianten dürften deutlich stärker gewesen sein.

»Den Hunger stillt die Brägenwurst; das Bitterbier es löscht den Durst.« Diese kleine Weise wurde in Zerbst (im Landkreis Anhalt-Bitterfeld) schon im 14. Jahrhundert kundgetan. Im kleinen Städtchen wurden die Fleischereien und Brauereien nämlich häufig zusammengelegt. So war die Gemeinsamkeit zwischen Bier und Wurst Alltag. Trotz ihrer übersichtlichen Größe stand Zerbst häufig im Brennpunkt, denn der Ort lag an der Grenze zwischen deutschen und slawischen Stämmen, die sich in schöner Regelmäßigkeit bekriegten. Die Zerbster ließen sich davon aber nicht aus der Ruhe bringen und erfanden ihr Bitterbier, das tatsächlich zu einem Exportschlager wurde. Wobei die in diesem Zusammenhang gerne verwendete Beschreibung »weltbekannt« im zeitlichen Kontext zu sehen ist. Weltbekannt bedeutete, jemand in der übernächsten größeren Stadt hatte schon mal davon gehört. Trotzdem erlangte das Zerbster Bitterbier einigen Ruhm, es wurde auch unter dem Namen »Zerbster Würze« verkauft. Und das lässt den Bierfreund doch aufhorchen, denn diese beiden Begrifflichkeiten widersprechen sich eigentlich. Entweder ist ein Bier bitter oder es enthält viel Würze, ist also milder, dafür aber vollmundiger. Offenbar hatten die Zerbster Brauer einen guten Mittelweg gefunden. Das Bier wurde bis ins 20. Jahrhundert hinein gebraut, auch nach dem Zweiten Weltkrieg wurde die Produktion wieder angeworfen, bis es sich recht plötzlich in nichts auflöste. Wird also mal Zeit für ein Comeback.

Das Breslauer Schöps hingegen scheint schon länger vollständig verschwunden. Warum das Bier diesen Namen bekam, ist nicht mehr belegbar. Vermutet wird, dass die Bezeichnung aus dem österreichischen Sprachraum kommt. »Schöps« oder »Scheps« werden Menschen genannt, die sich seltsam bewegen oder verhalten. Auch im Schwäbischen ist eine ähnliche Bezeichnung geläufig. Vermutlich gingen Menschen, die zu viel vom Breslauer Schöps (ein dunkles Weizenbier) getrunken hatten, nicht mehr ganz so gerade, daher der Name. Das Bier wurde von circa 1500 bis 1850 gebraut, danach verschwand es in der Versenkung. Da das Rezept noch erhalten ist, kann es aber problemlos nachgebraut werden.

Von anderen historischen Bieren sind nur noch die Namen (oder Spitznamen) überliefert. So soll es in Jena ein Bier gegeben haben, das im Volksmund »Menschenfett« hieß, weil das Bächlein, aus dem das Brauwasser entnommen wurde, über einen Friedhof lief. Im hohen Norden der Republik, wo eigentlich lieber Tee getrunken wird, trieb einst der »braune Bernhard« sein Unwesen. Der Legende nach soll der Trunk so herb und/oder stark gewesen sein, dass einem braun im Gesicht wurde. Wobei »Blasser« oder »Grüner« Bernhard dann doch eigentlich besser gepasst hätte. In Eisleben wiederum wurde man ganz deutlich. Das Bier wurde »Krabbel an die Wand« genannt und soll extrem ungesund gewesen sein. Dagegen ist der »Büffel« aus Frankfurt an der Oder fast schon harmlos. Wer zu viel von dem Zeug trank, bekam einen schweren Kopf wie ein Büffel. In Eckernförde soll das »Cacabulle« den Stuhlgang befördert haben (keine Details, bitte), während in Braunschweig ein »Hund« bekannt war. Wer sich daran labte, dessen Bauch machte Geräusche wie dieses Tier. Vermutlich im Endstadium. Keinerlei Fragen lässt ein Bier aus Lauenburg offen, das tatsächlich »Es wird nicht besser« genannt wurde. Dann vielleicht doch lieber eine heiße Milch mit Honig.

Noch ungesünder wurde es im 15. Jahrhundert zwischen den beiden Städten Görlitz und Zittau, die fochten gleich einen Bierkrieg aus. Beide Städte waren Mitglieder im Oberlausitzer Sechsstädtebund, und in dem rumorte es kräftig. Denn Görlitz war die wesentlich größere Stadt mit mehr Brauereien, das Bier aus Zittau war aber nachweislich leckerer. Da die wohlhabenden Bürger, die das Braurecht besaßen, auch meist im Stadtrat hockten, wurde schließlich verfügt, dass in Görlitz und den zugehörigen Gemeinden nur Görlitzer Bier ausgeschenkt werden dürfe. Die Zittauer waren allerdings im Besitz einer älteren Urkunde, die ihnen genau das erlaubte. Also führten sie weiter ihr Bier nach Görlitz ein. Bis es den Görlitzern zu bunt wurde und sie ein paar Soldaten entsandten. Gastwirte, die auf Görlitzer Boden Zittauer Bier ausschenkten, wurden verhaftet, das Bier beschlagnahmt und vernichtet. Auch gab es Überfälle auf Bierlieferungen. Die Zittauer überfielen daraufhin ein zu Görlitz gehörendes Dorf und raubten den Bauern das Vieh. In einem Fehdebrief verhöhnten sie ihre Nachbarn. So schaukelte sich die Auseinandersetzung hoch, bis beide Städte tatsächlich Heere aufstellten, um sich gegenseitig zu vernichten. Endlich schlug der damalige Landvogt dazwischen und verbat jegliche kriegerische Auseinandersetzungen im Städtebund.

Die Feindschaft beider Städte hat sich, wenn auch wesentlich humaner, bis heute gehalten. Immer noch würde kein echter Görlitzer ein Zittauer Bier trinken und andersherum. Der Fehdebrief aus Zittau hängt sogar immer noch in der Görlitzer Landskronbrauerei. Aber solange sie sich nicht gegenseitig ihr Vieh stehlen …

Grund 3

Weil es Tote Wunder vollbringen lässt

Die Geschichte der Menschheit hat schon viele bekannte Könige hervorgebracht! Man denke nur an König Artus, der zwar wahrscheinlich nie gelebt, dafür aber eine Menge erlebt hat. Oder den beschränkten König Midas, dessen Gier sogar Bier vergoldete, was ihn aber auch nicht glücklich machte. Oder Johann König, der lustigste aller Könige, der so ulkig sprechen kann, dass er in einer 2-Stunden-Show mit drei Pointen auskommt. Doch sie alle verblassen gegen den König der Könige, Gambrinus! Dieser feine Mann soll nämlich das Bierbrauen erfunden beziehungsweise populär gemacht haben, was geschichtlich betrachtet völliger Mumpitz ist, aber immerhin eine schöne Legende ergibt. Nach dieser ehelichte der germanische König Gambrinus, Sohn des ebenfalls gekrönten Familienoberhauptes Marsus, niemand Geringeren als Isis, die altägyptische Göttin der Fruchtbarkeit. Wie man sich das erste Treffen der beiden genau vorzustellen hat, dazu schweigt die Geschichtsschreibung. Vielleicht war es in einer Kneipe in Casablanca, als Gambrinus mit einem Humpen Wein an der Theke lehnte und ein wenig Süßholz raspelte.

»Hi, ich bin Gambrinus, der Germane.«

»Zisch ab, du bärtiger Barbar. Ich bin eine Göttin.«

»Hab ich gleich gesehen, an deinen Augen. Ich bin König.«

»Na gut, dann komm her.«

So oder so ähnlich muss es passiert sein. Und weil Isis eine feine Dame war/ist, zeigte sie ihrem Göttergatten nicht nur den Weg zur göttlichen Befriedigung, sondern auch gleich noch, wie man Bier braut. Was will Mann mehr? Weil Isis aber nach der Hochzeit keine Lust mehr auf Partys hatte und lieber Serien im Fernsehen schaute, zog Gambrinus alleine durch die bekannte Welt und pries überall das Getränk an, sodass seine Gestalt untrennbar mit Bier verbunden wurde. In jeder größeren Stadt grinst der feine Herr König von Kneipeneingangsportalen, es gibt weltweit mehrere Gambrinus-Brauereien (unter anderem in den USA und Frankreich) oder –Biere, Feste sind nach ihm benannt, und in Deutschland fährt sogar ein Zug unter seinem Namen. Dagegen finden sich so gut wie keine Isis-Gasthäuser und nur eine verschwindend geringe Anzahl von Isis-Bieren auf dem Weltmarkt. Eine Frechheit, liegt die Urheberschaft doch eindeutig in göttlich-ägyptischer Hand. Aber so ist das, trotz aller Bemühungen, die Damenwelt an die Zapfhähne zu bewegen, das Hopfenuniversum ist über weite Strecken in männlicher Hand. Schäbiges Patriarchat, schäbiges! Alice Schwarzer, übernehmen Sie!

PS: Immer wieder wird Gambrinus auch Schutzpatron der Brauer genannt, was inhaltlich falsch ist. Diesen Posten hat nämlich der ehemalige Bischof von Metz, ein gewisser Arnulf (spätes 6./frühes

7. Jahrhundert), inne. Der vollbrachte nicht nur zu Lebzeiten Bierwunder, sondern auch noch als Skelett. Und das ging so: Ein späterer Bischof holte die anderweitig verbuddelten Gebeine von Arnulf lange nach seinem Tod heim nach Metz. Auf dem Weg machte die Prozession halt in einem kleinen Dorf. Der Wirt sah sich mit den 5.000 spontan aufkreuzenden Gästen dezent überfordert. Er hatte noch genau einen Becher Bier vorrätig, an dem sich allerdings der komplette Mob labte. Und das Ding wurde niemals leer. Vielleicht steht es heute noch irgendwo in Frankreich unter einem Tresen und schäumt fröhlich vor sich hin, während Arnulf sich eins grinst. Eindeutig ein passender Schutzpatron!

Grund 4

Weil es Etymologen beschäftigt

»Bier« ist einfach ein schönes Wort. Simpel auszusprechen, schwer zu vergessen, geschmeidig und klangvoll. Dabei ist nicht mal sicher, warum wir heute eigentlich »Bier« sagen.

Manche Sprachforscher sind der Meinung, es könnte sich vom lateinischen »Biber« ableiten, was so viel wie »Trank« bedeutet. Wobei mich persönlich interessieren würde, wovon sich wiederum der deutsche Wort »Biber« ableitet. Ich habe jedenfalls noch keinen Vertreter dieser Nagetiergattung am Kneipentresen erwischt. Aber diese Nachforschung führt wohl zu weit. Als wahrscheinlicher nehmen Sprachforscher eh an, dass das Bier seine Wurzeln im indogermanischen »Bher« hat, was für »sieden« steht. Möglich wäre allerdings auch das ebenfalls indogermanische »Bhreu«, was wiederum auch den Vorgang des Brauens und seine Etymologie erklären würde. Dazu kommen noch rund zehn ähnlich gelagerte Vokabeln, die auf die gleiche Quelle hindeuten.

Das germanische »Äl« konnte sich in Deutschland nicht durchsetzen, wohl aber in Skandinavien, wo es in leichten Abwandlungen bis heute für Biere jeglicher Art steht. In Großbritannien wird »Ale« zunehmend ein anderes Wort für »Beer«, wobei es zumindest früher noch eine Unterscheidung gab. Alle Ales waren ungehopft, Beers mit Hopfen versetzt. In den USA werden alle obergärigen Biere als »Ale« bezeichnet, während in Australien oder Belgien wieder eigene Regeln für die Bezeichnung herrschen. Am besten ist es also, man bestellt per Handzeichen, macht 'ne Zeichnung oder bleibt gleich zu Hause.

Grund 5

Weil dafür sogar Urkunden gefälscht werden

In unseren Breitengeraden gehört Bier, neben Kratzeis und Raffaello, bekanntermaßen schon seit Jahrtausenden zu den beliebtesten Erfrischungen überhaupt. Doch während weiter südlich von uns bereits Dinge wie Wasserleitungen oder Fußbodenheizungen erfunden und gar Städte für die Ewigkeit erbaut wurden, hockten die Germanen noch in ihren zugigen Holzhäusern in irgendwelchen Haufendörfern und grunzten den Mond an.

Deshalb sind aus dieser Zeit auch keine wichtigen Bauwerke erhalten. Nicht mal Brauereien. Die älteste in Deutschland noch aktive Braustätte (und sogar die älteste Firma überhaupt) ist die Bayrische Staatsbrauerei Weihenstephan. Im Jahr 1040 bekam das damalige Benediktinerkloster zu Weihenstephan das Braurecht verliehen. Und zwar vom Freisinger Bischof Egilbert von Moosburg höchstpersönlich. Dieser war nicht nur Geistlicher und hatte großen politischen Einfluss. Nein, zum Zeitpunkt der von ihm ausgestellten Urkunde war er bereits ein Jahr tot. Aufgrund dieser kleinen

Ungereimtheit wird die Echtheit der Urkunde angezweifelt, sehr wahrscheinlich stammt sie aus dem 17. Jahrhundert. Was die Staatsbrauerei Weihenstephan, die heute vom Land Bayern als Regiebetrieb geführt wird, aber nicht weiter stört. Sie wirbt trotzdem gerne mit dem Slogan als älteste Brauerei der Welt und produziert recht leckere Getränke wie das Weihenstephaner Hefeweißbier oder verschiedene Bockbier-Varianten.

Ein paar Kilometer weiter nördlich, im Kloster Weltenburg bei Kehlheim, findet man die wahrscheinlich falsche Urkunde eher so mittelgut. Denn würde es sie nicht geben, wäre die hier ansässige Brauerei die älteste der Welt. Sie ist nachweislich seit 1050 in Betrieb. Aufgrund der unklaren Situation darf sich Weltenburg immerhin »älteste Klosterbrauerei der Welt« nennen, da Weihenstephan seit 1803 kein Kloster mehr ist. So haben beide ihren Werbespruch und niemand muss weinen. Star des Sortiments ist das Weltenburger Kloster Barock Dunkel (ein Münchner Dunkel), das bereits dreimal als bestens dunkles Bier der Welt ausgezeichnet wurde. Aber auch das herbe Märzenbier Anno 1050 oder das helle Hefe-Weißbier (etwas leichter als das der Kollegen aus Weihenstephan) gehören zu den Highlights.

Die Bronzemedaille im Kampf um die ältesten Brauereien des Planeten hat sich wieder eine Benediktinerklosterbrauerei aus Bayern unter den Nagel gerissen. Im Kloster Scheyern werden seit 1119 die Krüge gefüllt und wieder geleert. Das Unternehmen besitzt einen mehrfach prämierten Braumeister an seiner Spitze und bietet seine Spezialitäten vor allem in der Münchner Region an. Aber man kennt das ja, mit dem dritten Mann auf dem Mond. Er war da, aber niemand kennt ihn.

Grund 6

Weil es uns Geschichtsunterricht gibt

Hefte raus, Geschichtstest! Was, liebe Bier-Studierende, passierte im Jahr 1516? Korrekt, die Schweiz gewinnt im Ewigen Frieden ihre Freiheit und hält sich fortan aus allem raus. Der schwerreiche Jakob Fugger pfeift auf Bundesagenturen und Hartz IV und errichtet eigenmächtig eine Sozialsiedlung. Der fränkische Reichsritter Götz von Berlichingen pfeift hingegen auf seine gute Kinderstube und macht den Schwäbischen Gruß populär, der später mit dem Akronym LMAA abgekürzt werden wird. Maria I. von England wird geboren und nach einigem Hickhack mit Papa Heinrich zur ersten (blutigen) Königin von England. Der niederländische Maler Hieronymus Bosch hingegen hat genug Dämonen und Fabelwesen gepinselt und schaut persönlich in der Hölle vorbei.

Interessante Fakten, zweifellos, aber für dieses Buch eher bedeutungslos. Von Belang ist das Treffen von Wilhelm IV. mit seinem Bruder Ludwig X. an einem sonnigen Mittwoch am 23. April 1516, um die Folgen des Landshuter Erbfolgekriegs zu besprechen, der rund zehn Jahre zuvor zu Ende gegangen war. Witzigerweise verlor der bereits erwähnte Ritter von Berlichingen in just einer dieser Schlachten seine rechte Hand, weshalb er sich eine eiserne Prothese zulegte, die ihm seine Popularität erst einbrachte.

Geschenkt, die beiden Herzogtümer Ober- und Niederbayern waren bis dato faktisch unabhängig voneinander, was diverse Probleme mit sich brachte. Also beschlossen Willi und Lutz, wie sie von Freunden genannt wurden, eine gemeinsame Landesordnung, in der unter anderem auch festgelegt wurde, was in ein vernünftiges Bier gehört und wie es gefälligst zu brauen ist. Nämlich mit Wasser, Gerste und Hopfen. Ende der Durchsage. Diese Zusammenstellung, so wird vermutet, stammt aus dem Münchner Reinheitsgesetz, das deutlich älter ist als das angeblich »älteste Lebensmittelgesetz der Welt« von 1516. Bereits in früheren Jahrhunderten wurden auch in Deutschland solche Gesetze erlassen. Teils, um die knappen Rohstoffe klüger zu verteilen, teils um die Bevölkerung vor Betrug oder Panscherei zu schützen. Auch gibt es Belege dafür, dass Menschen, die zum Beispiel ein mit Tollkirschen versetztes Bier tranken, danach irgendwie anders drauf waren als solche, die ein »normales« Bierchen kippten. Die mit Tollkirschen waren deutlich anstrengender als die ohne. Also versuchte man, solche Zutaten schon von Staatswegen zu verbieten, um die öffentliche Sicherheit nicht zu gefährden. Heutzutage kommt ja auch niemand auf die Idee, sich ein Bröckchen Crystal Meth ins Getränk zu bröseln. Zumindest nicht in meinem Bekanntenkreis.

Aus dem antiken Mesopotamien sind Vorschriften über die Reinheit des Bieres im Übrigen bereits aus dem Jahr um 1800 vor Christus, also über 3.000 Jahre vor dem Reinheitsgebot, bekannt. Da grinst der Araber und der lederbehoste Mitteleuropäer macht ein langes Gesicht.

Ein weiteres Märchen ist die Behauptung, das sogenannte Reinheitsgebot wäre von 1516 bis heute ununterbrochen wirksam gewesen. Pustekuchen! Ganze 35 Jahre lang hatte es Bestand, dann flogen schon wieder die ersten Ingredienzien aus Muttis Kräutergarten ins Bier. Erst im 19. Jahrhundert wurde langsam wieder Ernst gemacht mit der Reinheit des Getränkes. Ausnahmen wurden nur noch in bestimmten Notsituationen gewährt, zum Beispiel nach Ende des Zweiten Weltkriegs, wo in bestimmten Regionen sogar Zuckerrüben oder Kartoffelflocken als Zutaten erlaubt waren.

Seit 1987 sind die Karten sowieso neu gemischt, da der Europäische Gerichtshof nicht viel von reinem Bier hält und Deutschland zwang, die Grenzen auch für Import-»Bier« zu öffnen, was zur Folge hatte, dass plötzlich Plörre in den Regalen stand, die hierzulande bis dato maximal als Insektenvernichtungsspray zugelassen worden wäre. Dafür ein Schwäbischer Gruß nach Brüssel!

Aber wir wollen uns nicht beschweren. Durch den einen oder anderen juristischen Winkelzug gilt das Reinheitsgebot für deutsche Biere, die nicht für den Import bestimmt sind, immer noch. Abgesehen davon gilt diese Jahreszahl bei den Konsumenten immer noch als wichtiges Qualitätsmerkmal. Wer gegen das Gebot verstößt, verkauft (zumindest bis jetzt) weniger Bier in Deutschland. Und daran sollte sich wenn möglich auch die nächsten 1.516 Jahre nichts ändern.

Grund 7

Weil es aus vier Buchstaben fünf macht

Wer – warum auch immer – Mitte der Achtziger bis Anfang der Neunziger gerne mal durch Städte wie Osnabrück, Essen, Braunschweig oder Wiesbaden schlenderte, stand mit großer Wahrscheinlichkeit schon mal vor einer Kneipe mit dem seltsamen Namen Pupasch und wird sich folgende zwei Fragen gestellt haben: Was soll dieser offensichtlich falsch geschriebene Name? Und selbst wenn er richtig geschrieben wäre, wer nennt seine Kneipe so?

Die Antwort auf die erste Frage ist wie so oft im Mittelalter zu finden. Dereinst unterschieden die tapferen Recken und holden Fräulein zwischen Süß- und Sauerbier (Soetbeer und Surbeer). Eines dieser Süßbiere, mit an Sicherheit grenzender Wahrscheinlichkeit im heutigen Niedersachsen gebraut, hatte umwerfende Auswirkungen auf den Darmtrakt. Es verursachte nämlich Blähungen der Windstärke 10 aufwärts. Im Volksmund hieß dieses Bier deshalb schnell »Pupasch«. Warum? Weil das Wort »Arsch« angeblich erst im 20. Jahrhundert seinen fünften Buchstaben bekam. Sonst säßen wir heute nämlich nicht auf unseren vieren. Andere Quellen behaupten, besagte vier Buchstaben würden sich von »Popo« ableiten. Genauer werden wir es wohl nie erfahren.

Fakt ist hingegen, und jetzt kommen wir zur zweiten Frage, dass der Unternehmer Claus-Dieter Hübsch 1981 das erste Pupasch in Goslar gründete, es im Laufe der Jahre zu einer Kette ausbaute und in den Neunzigern in die Insolvenz ging. Vereinzelt gibt es heute noch Kneipen unter diesem Namen, die mit der ursprünglichen »Erlebniskneipe« (verkleidete Kellner, »lustige« Spielchen etc.) nicht mehr zwangsläufig etwas zu tun haben. Aber wenigstens wissen wir jetzt, wie der Pupasch aus dem Mittelalter in unsere modernen Innenstädte kam.

Grund 8

Weil es trotz Irrtümern immer noch Geschichte schreibt

Es gibt die wunderschöne Geschichte, dass die erste Fahrt einer Eisenbahn von Nürnberg nach Fürth gleichzeitig auch die erste Fahrt eines Güterzuges war. Denn die legendäre Adler, die von dem englischen Lokführer William Wilson gefahren wurde, soll bei ihrer Jungfernfahrt im Dezember 1835 auch zwei Fässer Bier an Bord gehabt haben.

So ist es jedenfalls auf unzähligen Bildern und Stichen späterer Meister zu sehen. Ein winkender Wilson, vorne das begeisterte Volk, hinter dem Lokführer zwei schöne Fässer Bier. Hätte ja auch so gut in die fränkische Umgebung gepasst. Aber es ist leider falsch. Denn das Bier vom Brauer Lederer wurde erst am 11. Juni 1836 von Nürnberg nach Fürth gebracht. Dabei wurde auch keine Adler-Lokomotive, sondern ein auf den Schienen fahrendes Pferdegespann genutzt. Und die Fässer lagen nicht für alle sichtbar auf dem Tender der Lock, sondern »saßen« (wahrscheinlich vorschriftsmäßig angeschnallt) in einem Waggon der dritten Klasse. Der Bierbrauer musste für diesen Transport mit der Königlich privilegierten Ludwigs-Eisenbahn-Gesellschaft zwei Personentickets lösen. Denn Güterverkehr war eigentlich gar nicht vorgesehen. Da die Strecke Nürnberg-Fürth aber nicht ausgelastet war, drückte die Gesellschaft ein Auge zu.

Ein paar Jahre später fragten zwei Metzger der Stadt nach, ob die Bahn vielleicht auch lebendes Vieh transportieren würde. Erst jetzt kam den Verantwortlichen die Idee, dass daraus ein lukratives Geschäft erwachsen könnte. Aber die beiden Bierfässer waren so etwas wie die Pioniere des deutschen Güterverkehrs und werden deshalb von Eisenbahnfans bis heute verehrt. Leider sind sie nicht erhalten geblieben, sondern im Schlund der Geschichte verschwunden. Aber warum die Deutsche Bahn AG diesen beiden Kameraden vor ihrer Firmenzentrale in Berlin nicht mal ein kleines Denkmal gewidmet hat, ist mir schleierhaft.

Grund 9

Weil es Weiß und Braun unter einem Dach vereinigt

Dieses Gebäude gehört wohl zu den bekanntesten Häusern in Sachen Bier, wenn es nicht gar das bekannteste ist: das Staatliche Hofbräuhaus am Platzl in München. Wer einmal sehen möchte, wie ein asiatischer Mitbürger morgens um neun seinen ersten und letzten Krug des Tages verzehrt, kommt an diesem Ort nicht vorbei. Auch wenn es hier manchmal ein bisschen streng riecht.

Das Hofbräuhaus hat eine lange, traditionsreiche Geschichte und wurde aufgrund eines Mangels gegründet. Das Wittelsbacher Herrschergeschlecht hatte nämlich massiven Bierdurst, war es aber leid, den Stoff aus Einbeck, Kassel oder anderen Städten zu importieren. Deshalb verfügte der bayrische Herzog Wilhelm V. (1548–1626) im Jahr 1589 den Bau eines Hofbräuhauses. Dieses war noch nicht der Bau, den wir heute kennen, er stand auch an einer anderen Stelle. Aber immerhin hatten die Münchner nun ihr eigenes Bier, das durch die Verwendung dunkler Spezialmalze eine braune (in Nürnberg sagt man rote) Farbe besaß. Logisch, dass die Braustätte »braunes Haus« genannt wurde. Der Führer und seine Gesellen waren noch weit weg, es war also nichts Anrüchiges dabei. Allerdings werden die Nazis auch noch eine Rolle spielen.

Da sich die Erde in diesen Jahrzehnten und Jahrhunderten entschloss, die Klimaanlage anzuschmeißen (die sogenannte Kleine Eiszeit, die vom frühen 15. Jahrhundert bis zum Ende des 18. Jahrhunderts andauerte), wurde es immer schwieriger, Wein herzustellen. Die Nachfrage nach Bier stieg rasant. Zeitgleich starb der letzte männliche Inhaber des Weißbierbraumonopols, weshalb das Recht wieder dem bayrischen Herzog zufiel. Und das Weißbier fand sehr schnell sehr viele Liebhaber. Deshalb reichten die Kapazitäten des Hofbräuhauses 15 Jahre nach seiner Erbauung schon nicht mehr aus, ein Neubau (ab 1604) musste her. Besagtes Gebäude wurde an der Stelle errichtet, an der auch das heutige Haus steht, sah aber völlig anders aus. Ein weißer, von außen eher unscheinbarer Bau mit dem Charme eines dezent abgetakelten Wohnhauses. Die ursprüngliche Stätte wurde 1608 aufgegeben, im neuen Haus wurden nun parallel braune und weiße Biere gebraut. Als der Herzog kurz darauf den Verkauf von Weißbier an Privatleute und Gastwirte erlaubte, brachen alle Dämme. Das Zeug ging weg wie warme Semmeln mit Leberkäse, zeitweise sollen die Einnahmen aus der Steuer für Weißbier fast 50 Prozent der Gesamteinnahmen des bayrischen Staates ausgemacht haben. Doch das Bier rettete auch Leben. Der Legende nach standen die Schweden ein paar Jahre später, es herrschte der Dreißigjährige Krieg, kurz vor München, um alles zu verwüsten. Als sie 362 Eimer mit Bockbier aus dem Hofbräuhaus frei Haus (beziehungsweise Zelt) geliefert bekamen, verschonten sie die Stadt. Eigentlich ein interessanter Ansatz, um Kriege generell zu verhindern. Sollte mal jemand den Vereinten Nationen vorschlagen.

König Ludwig I. (1786–1868) hatte im Jahr 1828 eine weitere gute Idee. Er ließ die Bewirtung des Volkes im Hofbräuhaus zu und sorgte mit niedrigen Bierpreisen dafür, dass sie ihm quasi die Bude einrannten. Doch schon 1896 mussten erneut Maßnahmen ergriffen werden. Mittlerweile war die Bevölkerung mobiler und musste auch nicht mehr 16 Stunden am Tag schuften, entdeckte also den Ausflug und die Freizeit für sich. München war dabei natürlich immer ein lohnendes Ziel. Also verfügte Prinzregent Luitpold den Umbau des Hofbräuhauses, damit mehr Menschen darin Platz finden mögen. Die Braustätte wurde verlagert (heute als Hofbräukeller bekannt), das alte Sudhaus und Verwaltungsgebäude wurden abgerissen. Dafür nahm ein Jahr später die neu errichtete Schwemme ihren Betrieb auf, weitere Gasträume und Festsäle wurden errichtet und verliehen dem Hofbräuhaus (fast) die Optik, die wir heute noch kennen.

Das Haus am Platzl übt seit Jahrhunderten eine Faszination auf die Menschen aus und ist von jeher Schauplatz für besondere Momente. So gab es in den Wirren des Ersten Weltkriegs und in den Jahren danach gleich mehrere interessante Besuche. Lenin soll während seiner Zeit im Exil häufig vorbeigeschaut haben, 1919 riefen Soldatenräte hier die Kommunistische Räterepublik aus. Ein Jahr später gründete sich im Hofbräuhaus eine Partei mit dem Namen NSDAP, ein gewisser Adolf Hitler stellte vor 2.000 Besuchern das 25-Punkte-Programm vor, in dem unter anderem das Großdeutsche Reich, die Gleichschaltung der Presse und die Unterdrückung der Juden angekündigt wurden. Dumm nur, dass offenbar niemand richtig hinhörte. Doch es gab auch sympathischere Gäste wie Wolfgang Amadeus Mozart, Kaiserin Elisabeth »Sissi« von Österreich oder Josephine Baker, um nur einige zu nennen.

Wirklich erstaunlich hingegen ist die Tatsache, dass das berühmte Hofbräuhaus-Lied (*In München steht ein Hofbräuhaus ...*) nicht von einem Münchner, ja noch nicht einmal von einem Bayern geschrieben wurde. Der Berliner Komponist Wilhelm Gabriel

(1897–1964), der unter anderem die Originalmelodie zu *Wer soll das bezahlen?* verfasste, schrieb das Stück 1935. Es wurde erst in Gabriels Heimatstadt ein Hit, später auch in München. Dass Gabriel während der Nazi-Herrschaft auch Lieder wie *Wenn die SS und die SA aufmarschiert mit Tschingderassassa* komponierte, passt dabei leider fast schon wieder ins Bild.

Grund 10

Weil man mit Bier Maß halten kann

Wer eine Kneipe betritt und gedankenlos ein Bier bestellt, erlebt unter Umständen eine böse Überraschung. Denn je nach Region kann entweder eine nicht erwähnenswerte Pfütze oder ein Fünf-Liter-Krug vor der Nase des Durstigen landen. Deshalb ist es sinnvoll, wenigstens einige historische Biermaße aus Deutschland und Umgebung parat zu haben.

Die bekannteste Einheit ist sicherlich die Maß, die so vor allem in Süddeutschland ausgeschenkt wird. Der Inhalt wurde mit der Gründung des Deutschen Reichs und der Einführung des metrischen Systems Ende des 19. Jahrhunderts auf einen Liter festgelegt. Es gibt das Gefäß als Ton- oder Glaskrug, wobei der Glaskrug weiter verbreitet ist, da man bei diesem unter anderem mit einem Blick feststellen kann, ob korrekt eingeschenkt wurde. Zumindest bis zur dritten Maß. Leer besitzt so ein Glaskrug im Übrigen ein Gewicht von rund 1,3 Kilo, was ihn zu einem gefährlichen Schlaginstrument macht. Das Nachrichtenmagazin SPIEGEL interviewte zu diesem Thema 2010 den Physiker Erich Schuller vom Institut für Rechtsmedizin der Ludwig-Maximilians-Universität München, der wissenschaftlich fundiert darstellen konnte, was passiert, wenn jemand einen Krug über die Rübe gezogen bekommt: »Wir haben das jetzt erstmals im Labor untersucht, indem wir fabrikneue Maßkrüge auf Menschenschädel schlugen: Die Knochen brachen oft, die Krüge haben wir nie kaputtgekriegt. Beim heftigen Schlag mit dem Krug entsteht eine Kraft von mehr als 8500 Newton – der menschliche Kopf bricht im Scheitelbereich aber schon bei etwa 4000 Newton.«[3] Bei dem Test wurden übrigens keine Menschen verletzt, die waren schon vorher tot.

Das krasse Gegenteil zur Maß ist das Stößchen, eine Erfindung aus Dortmund, die aber auch in Köln (Stüssje) oder Hannover (Tönnchen) bekannt ist. Schuld an dem kleinen Gläschen (0,1 bis 0,18 Liter Bier), das von respektlosen Menschen auch gerne »Finkennäpfchen« genannt wird, ist eigentlich die Köln-Mindener Eisenbahn-Gesellschaft (1843–1886). Die fuhr regelmäßig den Dortmunder Hauptbahnhof an, der früher an der Münsterstraße lag. Hier gab es jedoch keine Unterführung. Die Schranken waren ganze elf Stunden am Tag geschlossen, Dutzende Menschen warteten regelmäßig darauf, dass sich für wenige Augenblicke die Möglichkeit zum Passieren der Straße ergab. Ein Landwirt, der direkt an dem Übergang eine kleine Kneipe besaß, kam auf die geniale Idee, den an der frischen Luft Ausharrenden ein kleines Bier zu verkaufen.[4] Eine schöne Sache, die zudem den Vorteil hatte, dass sich die Wartenden die kleinen, schmalen Gläschen gegenseitig an den Kopf werfen konnten, ohne dass größere Verletzungen zu erwarten waren. Heute ist das Stößchen noch in einigen Kneipen im historischen Zentrum Dortmunds anzutreffen, häufig versuchen sich Touristen an der kleinen Leckerei. Wer in den Schenken der Stadt hingegen eine Kugel bestellt, verarbeitet keine Niederlage des BVB, sondern bekommt ein Pilsglas mit dickem Bauch und 0,33 Liter Inhalt.

Wer etwas mehr Durst hat, bestellt sich in Braunschweig ein Stübchen. Das sind mal eben 3,624 Liter reinste Ballerbrause, wobei es auch in anderen Städten Stübchen gab oder gibt (in der Regel zwischen drei und vier Litern). Auf den Britischen Inseln wird nach wie vor das Pint hochgehalten, das 0,5683 Litern entspricht. In den USA sind es rund 100 Milliliter weniger, aber die vertragen ja auch nichts. Das wunderschöne Wort »Humpen« stammt vermutlich aus dem Saarland und beschreibt einen Bierkrug aus Glas, Steingut, Zinn oder (für die Besserverdienenden) Silber, oftmals mit Deckel und ausgeprägter Malerei. Unter den Motiven finden sich häufig Landeswappen, aber auch Sinnsprüche, politische Parolen oder andere Menschen beim Zechen. Seit Mitte des 16. Jahrhunderts sind diese Gefäße in ganz Deutschland zu finden (in südlicheren Gefilden auch »Seidel« genannt) und erfreuen sich bis heute großer Beliebtheit in Partykellern und den Wohnzimmern unserer Großeltern. Es gibt wohl wenige Dinge auf der Welt, die außerhalb des Landes als so urdeutsch wahrgenommen werden wie der Humpen/Seidel. Der bekannte Seidel-Test hat allerdings nichts mit Bier zu tun, sondern geht auf einen Herrn Erich Seidel zurück, der damit ein augenheilkundliches Verfahren erfand.

Doch egal, ob ein Coburger Kattla, ein Baseler Rugeli oder ein österreichischer Grenadier auf den Tisch kommt – am Ende ist wichtig, was oben reinkommt. Und das dürfte in allen genannten Fällen munden.

Kapitel 2

Der Brauprozess

Grund 11

Weil es uns die wunderbare Welt der Malze erschließt

Während man in anderen Landstrichen gerne Mais, Reis oder sonstigen Humbug als Braumalz verwendet, finden hierzulande überwiegend die traditionellen Getreidesorten wie Gerste, Weizen oder Roggen Verwendung. Für die Auswahl ist der Brauer und Mälzer zuständig (das Berufsbild, nicht der vorlaute Koch aus Norddeutschland). Getreide aussuchen und ab damit in die Weiche, wo Luft und Wasser ihren Job machen. Anschließend kommen die Körner in einen Keimkasten, wo sie rund fünf Tage vor sich hin keimen. Kennt man von überfälligen Kartoffeln. Anschließend trocken föhnen (Darren), wobei die Temperatur und die Dauer der Trocknung über Geschmack und Farbe des späteren Bieres entscheiden.

Neben recht bekannten Braumalzen wie dem Pilsner Malz (wird als Basismalz für sehr viele Biere verwendet), dem dunkleren Münchner Malz, dem Wiener Malz oder dem Weizenmalz gibt es zum Beispiel noch das Sauermalz. Das wird vor dem Darren mit Laktobazillen aus der Familie der Milchsäurebakterien versetzt. Durch die Beigabe dieses Malzes werden zum Beispiel einzelne Werte des Brauwassers, die nicht den Vorstellungen des Brauers entsprechen, angeglichen. Klingt ein bisschen nach Chemiebaukasten, ist aber so. Das Karamellmalz besitzt, der Name lässt es erahnen, eine deutliche Süße und sorgt zudem für eine schöne, dunklere Farbe. Rauchmalz macht seinem Namen ebenfalls alle Ehre, es wurde zuvor über Buchenholz getrocknet und riecht wie eine Eckkneipe in Bochum-Hiltrop vor Erlass des Nichtraucherschutzgesetzes. Nur in schön. Das Melanoidinmalz, das durch ein bestimmtes Darrverfahren entsteht (Neunmalkluge können ja die Maillard-Reaktion nachschlagen), gibt dem Bier eine rötliche Färbung und ein kräftiges Aroma. Melanoidinmalz findet sich auch in anderen Lebensmitteln wie Brot oder Kaffee, weshalb daraus gebraute Biere immer ein wenig an diese Lebensmittel erinnern.

Wichtig ist, dass bei diesem Prozess nur natürliche Verfahren zur Anwendung kommen, künstliche Hilfsmittel sind für einen Brauer von Wert tabu. So sollte es zumindest sein, auch wenn das speziell in Belgien einige Menschen anders sehen.

Grund 12

Weil es nicht nach Chlor schmeckt

Das Brauwasser ist die heilige Kuh des Brauergewerbes. Um keine Zutat des Bieres, von denen es bei vernünftigen Sorten ja eh nicht so viel gibt, wird so ein Wind gemacht wie um das kühle Nass. Jede Brauerei, die etwas auf sich hält, hat da ihre eigene Quelle. Im wahrsten Sinne des Wortes.

Da werden wehrlose Bergwerksschächte umgepflügt, Seen und Teiche beraubt, Naturschutzgebiete geplündert, Flüsse geschändet und Tiefbrunnen angelegt, als wäre man auf der Suche nach Neptun persönlich. Tatsächlich behaupten (selbst ernannte) Experten, dass eben jenes H_2O die mit Abstand wichtigste Zutat im Bier sei. Sie entscheidet über Geschmack und Gefühl auf der Zunge. Und wer schon mal zum Beispiel in Athen seine Dusche im Hotelzimmer aufgedreht hat und den Chlorgeruch wahrnehmen durfte, der einem da entgegenschlägt, der ist vielleicht froh, dass es hierzulande ein paar Grundregeln für das Brauwasser gibt.

So muss es klar, geschmacksneutral und geruchlos sein und darf keine Substanzen enthalten, die dem Bier schaden. Irgendwie logisch. Auch der Anteil an Mineralien oder Salzen (was, wie viel) ist festgelegt. In diesem Rahmen ist allerdings alles erlaubt, was das Bier besonders lecker macht.

PS: Kleine Anmerkung für Fußballfans aus Leipzig: Wer sich bisher standhaft (und vollkommen zu Recht) weigert, dem »lokalen« Noch-Zweitligisten mit Brauselogo hinterherzulaufen, besitzt eine viel charmantere Option. Der LSV Brauwasser 06 hat nicht nur einen schwer sympathischen Namen, sondern kickt auch in der 2. Kreisklasse. Da ist also viel Luft nach oben. Wie dereinst bei den »Bullen«...

Grund 13

Weil es Mutti und Vati beschäftigte

Gemaischt wird ja immer gerne. Egal ob Trauben, Kartoffeln oder Getreide, der Mensch scheint ein Grundbedürfnis nach dem Maischen zu haben.

Beim Bierbrauen geht es vor allem darum, dem Malz seine wichtigsten Inhaltsstoffe (Eiweiß, Stärke und andere Substanzen) zu entreißen. Dafür wird der Maischebottich samt Inhalt auf Temperatur gebracht (um die 63 Grad), anschließend etwas Wasser zum geschroteten Malz hinzugegeben und dann kann man den Brei unter fast stetigem Umrühren ein bisschen rummaischen. Allerdings darf die Temperatur im Bottich nicht über 78 Grad steigen, weil dann die wertvollen Inhaltsstoffe zum Teufel wären. Beim Maischen entscheidet sich der Geschmack des Bieres, je nachdem bei welchen Temperaturen das Malz nun vor sich hin köchelt und wie das Brauwasser beschaffen ist. Zwischendurch werden immer wieder Rasten eingelegt, da die einzelnen Stoffe ganz bestimmte Voraussetzungen brauchen, um sich vom Malz zu lösen. So gibt es beispielsweise bei 65 Grad die sogenannte Maltoserast, bei der die Stärke zu Malzzucker wird, aus dem später wiederum Ethanol entsteht. Es gibt auch die Variante, Teile der Maische aus dem Bottich zu separieren, um sie später wieder hinzuzufügen. Der ganze Vorgang dauert zwischen zwei und vier Stunden.

Wenn der Braumeister der Meinung ist, es hätte sich so langsam mal ausgemaischt, werden einige Tropfen entnommen und mithilfe einer Iodprobe geschaut, ob noch Stärke vorhanden ist. Verfärbt sich der Test dunkelblau bis schwarz, gibt es eine weitere Gratisrunde im Maischebottich, wenn nicht, geht die wilde Fahrt durch die Brauerei weiter.

Wie lange die Menschen des Mittelalters ohne technische Hilfsmittel, zuverlässige Befeuerungsquelle (Kannst du das Feuer bitte mal auf exakt 72 Grad stellen? Danke!) und ohne weitreichende chemische Kenntnisse gebraucht und gebraut haben mögen, bis sie ein akzeptables Bier hergestellt hatten, lässt sich nur erahnen. Da wird Mutti ein paar Nächte rührend in der Küche verbracht haben, während Vati an der richtigen Zusammensetzung und Temperatur tüfteln musste. Und wehe, man hatte sich nicht jeden Arbeitsschritt einzeln notiert oder gemerkt! Dann begann das Spiel von vorn. Aber für so ein tolles Produkt wie Bier kann man sich schon mal die Nächte um die Ohren schlagen.

Grund 14

Weil es sich durch chemische Formeln ausdrücken lässt

Stammwürze, ein Wort, das irgendwie schon lecker klingt. Gemeint ist damit der Anteil von Hopfen und Malz im Wasser, der sich während des Brauereiprozesses nicht verflüchtigt, sondern für den Geschmack und den Alkoholgehalt sorgt. Dabei gilt die Faustformel: Ein Drittel wird durch die Gärung zu Alkohol, das zweite Drittel zu Kohlensäure und das dritte ist der gar nicht so traurige Rest vom Schützenfest, der in der Rubrik »Treber« näher beschnüffelt wird.

Doch damit hat die Stammwürze ihre Aufgabe noch nicht erfüllt, sie dient in Deutschland, gemeinsam mit der Größe der Brauerei, auch als Grundlage für die Biersteuer. Wer jetzt aber glaubt, dass hier einfach der Stammwürzegehalt genommen wird und gut, hat sich vertan. Natürlich ist eine extrem komplizierte Formel nötig, um diesen zu errechnen. Logisch, wir sprechen hier schließlich von einer Steuer. Ausgedrückt wird sie in der Einheit »Grad Plato«, was auf den deutschen Chemiker Fritz Plato (1858–1938) zurückgeht, der auf Basis der Arbeiten seines böhmischen Kollegen Karl Balling (1805–1868) allerlei spannende Berechnungsmöglichkeiten für Stammwürzekonzentration entwickelte. Also, spannend für Chemiker, nicht für Biertrinker. Die machen sich lieber eine schöne Flasche Doppelbock auf (mit ab 18 Grad Plato das Bier mit dem höchsten Stammwürzewert) und genießen den kräftigen Geschmack. Darum geht es schließlich.

Grund 15

Weil es uns Einkaufstipps gibt

Wie wir ja eben gelernt haben, ist der Treber (hier ausschließlich aufs Bier bezogen) das Abfallprodukt des Brauvorganges. Im Läuterbottich schwappt die heiße Flüssigkeit munter durch die Gegend, während sich die festen Teilchen am Boden absetzen. Hier entsteht der sogenannte Treberkuchen (Finger weg vom Sahnespender!), der eine zusätzliche Filterfunktion übernimmt, wenn der Sud, die eigentliche Würze, nach unten wegsickert.

Der übrig bleibende, unappetitliche Schmodder, hauptsächlich bestehend aus den Spelzen des Malzes, sieht ein bisschen aus wie Kuh-Kacke, womit wir auch schon bei seiner Verwendung wären. Denn große Teile werden tatsächlich als Viehfutter an Landwirte verkauft. Und was lernen wir daraus? Warum vor der nächsten Grillrunde im Supermarkt für teuer Geld in Bier eingelegte Fleischfetzen kaufen, wenn die Tiere den Stoff in seiner reinsten Form sowieso schon im Blut haben? Sehen Sie, wieder etwas gelernt.

Das Zeug, das durch den Treberkuchen gefiltert wurde, ist die Würze, und der wird nun Feuer unter dem Hintern gemacht. In der Würze- oder Sudpfanne werden Temperaturen von deutlich über 80 Grad erreicht, wobei eine weitere wichtige Zutat in die Pfanne fliegt: der Hopfen. Früher wurden ganze Hopfendolden (also der weibliche Blütenstand, der aus biologischer Sicht eigentlich Ähre genannt werden müsste) der Würze zugegeben. Diese Zeiten sind jedoch vorbei, und zumindest bei den größeren Brauereien wird auf Hopfenextrakt oder Hopfenpellets gesetzt, wobei die schmutzig-grünen Stückchen (zermahlene und gepresste Dolden) in den letzten Jahren klar die Oberhand gewonnen haben.

Wie an jeder Station des Bierbrauens wird hier (und nur hier!) über den Geschmack des Getränks entschieden. Denn natürlich beeinflussen Art und Menge des Hopfens das Aroma beträchtlich. Mehr Hopfen bedeutet eine höhere Bitterkeit, aber auch eine längere Lagerfähigkeit. Mit Hilfe einer Bierspindel (eine spezielle Form des Aräometers) wird schließlich der gewünschte Stammwürzegehalt eingestellt und schon wieder gefiltert. Denn auch der Hopfen hinterlässt seine Spuren, genauso wie ausgefallenes Eiweiß, das als Heißtrub entfernt wird. Früher gönnte man dem Sud zu diesem Zwecke gerne einen Aufenthalt im Kühlschiff, heute gibt es Maschinen (Whirlpool genannt), die die Flüssigkeit rotieren lassen. Der Schmutz sammelt sich in der Mitte, die klare Würze kann am Rand abgeschöpft werden. Abkühlen lassen, mit Sauerstoff begasen (nicht, dass uns das teure Nass so kurz vor knapp noch erstickt) und ab in den Gärtank!

Grund 16

Weil es Giftstoffen und Pilzen trotzt

Man kann sich aber auch anstellen. Oder es sein lassen und das Bier anstellen. So nennt der Profi das Hinzuführen von Hefe in den Sud, was den Gärprozess auslöst. Der Malzzucker der Würze wird innerhalb einer Woche zu Alkohol. Dereinst fand dieser Prozess in so finsteren wie kühlen Kellern statt (die Hefe braucht je nach Sorte zwischen vier und 20 Grad Celsius), heute gibt es dafür Gärtanks, die aussehen wie verkehrt herum aufgestellte Raketen. Hier geht der Prozess auch ein wenig schneller, in ein bis zwei Tagen ist die Sache geritzt.

Unterschieden wird zwischen ober- und untergäriger Hefe. Die obergärigen Sorten, die bis ins 15. Jahrhundert hinein ausschließlich verwendet wurden, bilden Zellverbände und schwimmen oben auf dem Jungbier. Die Reststoffe der untergärigen Hefe gehen demnach logischerweise auf Tauchstation und sinken ab. Letztgenannte Hefe benötigt eine deutlich niedrigere Umgebungstemperatur (vier bis neun Grad) als die obergärigen Kollegen (15 bis 20 Grad), weshalb die Gefahr von Verunreinigungen mit Pilzen oder Bakterien sinkt.

Doch egal ob der Braumeister friert oder schwitzt, als Nebenprodukt entsteht zwangsläufig Kohlenstoffdioxid, in Verbindung mit Getränken auch landläufig als Kohlensäure bezeichnet. Die ist in ausreichenden Mengen für den Menschen übrigens giftig.

Das Kohlenstoffdioxid wird während der Gärung abgesaugt, aufgearbeitet und dem Bier wieder zugesetzt. Die Ausnahme bilden Fassbiere, hier erfolgt diese Zusetzung hauptsächlich beim Zapfen. Bei Spontangärungen – früher aufgrund Unkenntnis anderer Verfahrensweisen üblich, heute nur noch bei Spezialbieren anzutreffen – gab und gibt es große Risiken der Fehlgärung, die möglicherweise auch für Mutationen (man denke bloß an Hulk, Spider-Man etc.) verantwortlich sein können. Wer weiß das schon so genau? Schließlich verlässt man sich in diesem Verfahren darauf, was Luft und Liebe so an Keimen anzubieten haben. Und da sollte man sich nie zu sicher sein. Das nächste Atomkraftwerk ist niemals weit genug weg.

Grund 17

Weil es wie das Plankton im Fischmagen ist

Nach dem Gären wird das Jungbier, das bis hierher ja schon einiges hat durchmachen müssen, erst mal eine Runde schlafen geschickt. Das Erlebte verarbeiten, zur Ruhe kommen, die eigene Mitte finden und ein bisschen nachgären. Man kennt das aus Yoga- oder Pilates-Kursen.

Die Lagerung findet in Tanks statt, die die Kohlensäure an das Bier binden, Trübstoffe sinken zu Boden und erleichtern das anschließende Filtern. Das Nickerchen dauert je nach Sorte zwischen zwei Wochen und drei Monaten.

Anschließend geht es in einen dieser modernen, hochtechnischen Filterapparate, zum Beispiel den Cross-Flow-Filter. Dieser hat sich seine Arbeitsmethode mal keck bei den Fischarten ausgeliehen, die das Plankton durch ihre Kiemen filtern, damit keine Schadstoffe im Magen landen. Oder eben im Bier. Denn hier werden Inhaltsstoffe wie Hefezellen oder Hopfenharze gnadenlos aussortiert und auf die stille Treppe geschickt.

Für die Feinfiltration kommt häufig auch ein Entkeimungsfilter zur Anwendung, der auch bei der Herstellung von Weinen oder Spirituosen eingesetzt wird. Damit das Bier nicht nur sauber, sondern rein wird.

Früher wurden für diesen Schritt Massefilter genutzt, deren Filterelement aus den Samenhaaren der Baumwolle bestand (nicht lachen, ist so). Um ein besseres Ergebnis zu erzielen, wurde eine sehr geringe Menge Asbest zu der Baumwolle hinzugegeben. Lecker! Die Filterelemente konnten nur durch Auswaschen gereinigt werden, was einige Arbeitszeit in Anspruch nahm. Wohin das mit Asbest versetzte Abwasser anschließend floss? Eine gute Frage, deren Antwort wir im Einzelfall wahrscheinlich gar nicht wissen wollen.

Aber ob umweltfreundlich oder fragwürdig gesäubert, wenn das Bier gefiltert ist, kann es genossen werden. Die Ausnahme bilden natürlich jene Sorten, die in der Flasche nachgären müssen. Aber das versteht sich ja irgendwie von selbst.

Grund 18

Weil es Farbe bekommen kann

Kümmern wir uns nun mal um ein ganz ulkiges Zeug mit dem Namen Farbebier. Nein, lieber Leser, hier fehlen nicht die Dötteln über dem Vokal. Das heißt tatsächlich so. Farbebier besteht aus, man glaubt es kaum, Farbmalz und wird auf die gleiche Art wie Bier gebraut. Dabei handelt es sich um besonders lang gedarrte Gerste, die von den Spelzen befreit wurde, weil diese schnell verbrennen. Neben dem starken Röstaroma hat jene Gerste vor allem die Aufgabe, dem Bier eine schöne Farbe zu geben.

Aus dem Farbmalz wird also das Farbebier, eine Art zusammengedampftes Extrakt, das in diesem Zustand, je nach den Wünschen des Braumeisters, auch keine Aromen mehr verströmt. Jetzt liegt es am Chefkoch, wann und wie viel er seinem Bier davon beigeben möchte. Da Farbebier rechtlich als Bier gilt, muss es nicht als Zusatzstoff deklariert werden, fliegt also unter dem Radar des

Konsumenten. Ganz schön clever. Brauer Boris kann theoretisch also einen ganzen Kessel voll helles Bier brauen, die Hälfte davon mit Farbebier zubomben und hat zwei unterschiedlich aussehende Biere mit einem Brauvorgang. Auf das eine kommt das normale Etikett, auf das dunklere etwas mit »Landbier«, »Tradition«, »Von echtem Schrot und Korn«, »Wie früher gebraut« oder ähnlicher Firlefanz und schon ist ein neues Bier geboren. Da heißt es für den Verbraucher: Augen auf beim Eierkauf!

Grund 19

Weil es gleichzeitig bitter und bananig schmecken kann

Was klingt wie ein witziges Partyspiel der Anonymen Alkoholiker ist tatsächlich ein kleiner Trick, der während des Brauvorgangs angewendet wird: Hopfenstopfen. An sich gehört der Hopfen nämlich in die Würze und wird mitgekocht, wie wir alle eben gelernt haben. Dabei, so die Anhänger des Stopfens, verflüchtigen sich allerdings viele ätherische Öle der Pflanze, zudem gehe der charakteristische, je nach Hopfensorte gerne auch dezent fruchtige Geschmack verloren. Deshalb gibt es vornehmlich kleine oder kleinste Brauereien in Deutschland, die das Hopfenstopfen (oder auch Kalthopfen) anwenden. Denn das Vorläufige Biergesetz – der juristische Bruder des Reinheitsgebotes – drückt sich etwas schwammig aus, was den Zeitpunkt der Zugabe von Hopfen angeht, es ist also erlaubt. Manche Brauer schwören darauf, den Hopfen (in erster Linie Naturhopfen, also Sorten wie Tettnanger, Hallertauer oder Golding) beizugeben, wenn das Jungbier gerade abgekühlt ist, andere schmeißen die Säckchen mit dem Hopfen erst in die Brühe, wenn es an die Fasslagerung geht.

Tatsächlich wurde das Hopfenstopfen vor einigen Jahrhunderten hauptsächlich angewandt, um die Haltbarkeit des Bieres zu erhöhen. Englische Schiffe brachten Bier in die indische Kolonie, also waren viel Stammwürze und viel Alkohol von Vorteil. Denn die Kähne waren sechs Wochen oder mehr unterwegs. Ohne Klimaanlage, versteht sich. Geschmackliche Komponenten spielten erst später eine Rolle.

Zwar gibt es in Deutschland einige Biere, die nach diesem Verfahren hergestellt werden (zum Beispiel das Citra Ale oder das Comet IPA der Brauerei Häffner aus Bad Rappenau, das Eric's IPA Indian Pale Ale der Camba Bavaria in Truchtlaching oder das Drunken Sailor der Münchner Crew Ale Werkstatt), aber die Hochburgen dieser Vorgehensweise sind eindeutig Großbritannien und die USA. Vor allem jenseits des großen Teichs spielen diese Biersorten eine gewichtige Rolle.

Die bekannteste Biersorte, die im Hopfenstopf-Verfahren entsteht, ist das Indian Pale Ale (wobei es auch IPAs gibt, die auf konventionellem Weg gebraut werden). Der »blasse Inder«, wie Scherzvögel zu sagen pflegen, wurde dereinst fässerweise gen Indien geschifft, damit die britischen Kolonialherren was zum Anstoßen haben. Der Grundstoff von den Schiffen wurde aufgrund der hohen Bitteranteile mit Wasser verdünnt und soll fast wie »normales« Bier geschmeckt haben. Heute wird der Stoff pur weggeknüppelt, kann nach Banane oder Grapefruit müffeln und gilt unter Leckermäulchen als die größte Wiederentdeckung seit Christoph Kolumbus' Irrfahrt über den Ozean. Wie immer, Geschmackssache.

Grund 20

Weil es immer arbeitet

Wenn das Bier all die wichtigen Stationen seines bisherigen Lebens durchlaufen hat, gibt es nur noch eine Frage: Wohin mit dem Zeug? Natürlich in Flaschen, Dosen und Fässer. Doch schon bei der Flaschenfarbe geht es los. Bis in die Siebzigerjahre war es üblich, Bier entweder in grüne oder braune Flaschen abzufüllen. Dabei stellten Verbraucher fest, dass der Geruch (und teilweise auch der Geschmack) des in grünen Flaschen abgefüllten Bieres etwas Muffiges hatte. Nicht immer, aber doch regelmäßig. Bald war eine Bezeichnung für diesen Geruch/Geschmack gefunden, *Skunk*, das englische Wort für Stinktier. Doch es dauerte einige Zeit, bis herauskam, warum das so war. Das grüne Glas schützt seinen Inhalt nicht so gut vor Lichteinflüssen wie das braune. Kurzwellige Lichteinflüsse (nicht nur natürliche) beeinflussen das Bier, das auch in der Flasche weiter arbeitet. Deshalb schwören viele Biertrinker auf die braune Variante, beziehungsweise schwarze oder dunkelblaue, die es mittlerweile auch gibt. Als sich diese Erkenntnis damals durchsetzte, schwenkten einige Brauereien auf braune Flaschen um. In den Siebzigern waren in der Übergangsphase Kästen mit gemischten Farben im Handel, oftmals blieben die grünen Flaschen stehen, weil alle Angst vor dem gefährlichen Skunk hatten (was natürlich übertrieben ist). Andere Hersteller wollten sich nicht von ihrem Markenzeichen, der grünen Flasche, trennen und betreiben einigen Aufwand, um das Bier zu schützen. So gibt es spezielle Kartonagen, die das Licht beim Transport abhalten sollen.

Moderne Brauereien haben für den Abfüllprozess monströse Anlagen, die ein bisschen so aussehen, als wäre der Set-Designer von *Star Wars* Amok gelaufen. Ewig lange Reihen mit gereinigten Flaschen laufen über ratternde Bänder, auf Bildschirmen reihen sich unverständliche Zahlenkolonnen, Fässer werden wie von Geisterhand gedreht, gespült und noch mal gespült, es raucht und scheppert zum Gotterbarmen. Und nirgendwo auch nur eine Menschenseele zu sehen. Wer weiß, ob diese Maschinen wirklich nur Bier in die Behältnisse schießen (im Gegendruckverfahren, damit keine Kohlensäure entweicht oder Sauerstoff in die Behältnisse gelangt), wenn sie da so unbeaufsichtigt vor sich hin werkeln dürfen? Würde ich eine Revolution der Maschinen planen, um die Menschheit zu vernichten, ich würde hier ansetzen.

Aber egal, vertrauen wir unseren gefühllosen Freunden einfach mal und schnappen uns eine fertig angefüllte Flasche (braun oder grün) vom Band. Sieht gut aus, schmeckt auch gut. Aber nicht zu 100 Prozent wie das Bier zu Hause, auch wenn es die gleiche Marke ist. Des Rätsels Lösung: Selbst wer für eine optimale (kühle und dunkle) Lagerung sorgt, die Flaschen im eigenen Keller stehend aufbewahrt (damit sich eventuell noch verbliebene Teilchen am Boden absetzen können) und sie weit vor dem Ablauf des Mindesthaltbarkeitsdatums trinkt, wird niemals den exakt gleichen Geschmack erhalten wie bei der letzten Flasche. Denn Bier arbeitet immer, es reift in der Flasche, es verändert sich stetig. Und wer es falsch lagert, muss leider Einbußen im Geschmack hinnehmen, auch bei dunklen Flaschen. Gesundheitsschädlich wird es dadurch allerdings nicht. Ist ja auch kaum was drin, in so einem Bier.

Kapitel 3

Sortenkunde

Grund 21

Weil es Bayern in Böhmen zu Helden werden ließ

Die Redewendung »Gegen jemanden einen Groll hegen« stammt, wie so vieles, aus dem schönen Mittelalter. Dereinst wurde nämlich das Wort »grellen« häufig in den Mund genommen, was so viel bedeutete, dass jemand vor Wut laut schrie. Insgesamt sind das Grollen und Grellen also eher negativ besetzt. Spätestens seit dem 19. Jahrhundert hätte sich das allerdings ändern müssen.

Denn just zu dieser Zeit wirkte ein Braumeister mit Namen Josef Groll. Der gute Mann erblickte 1813 den weiß-blauen Himmel seiner bayrischen Heimat und erlernte schon bald den Beruf des Vaters. Als Brauer machte der Junge eine ziemlich gute Figur, auch weil er als experimentierfreudig bekannt war. Dieser Ruf eilte bis in die böhmische Stadt Pilsen, die ein massives Problem hatte: Ihr Bier schmeckte wie eingeschlafene Füße. Also errichteten die wohlhabenden Bürger ab 1838 mal eben eine neue Brauerei (das Unternehmen bekam den Namen Bürgerliches Brauhaus) und verpflichteten vier Jahre später besagten Josef Groll aus Bayern, auf dass er ihnen ein Bier braue, so golden und lecker, dass es nicht mehr zum Aushalten sei. Groll kam nicht ganz unvorbereitet ins westliche Böhmen, bereits sein Vater hatte mit untergärig gebrauten Bieren experimentiert. Und das führte der Junior weiter. Zufällig fand er in Pilsen optimale Bedingungen vor, weiches Brauwasser und der gute Saazer Hopfen (ein tschechisches Hopfen-Anbaugebiet, das bis heute genutzt wird) machten das Bier außergewöhnlich schmackhaft. Am 5. Oktober 1842 wurde der erste Kessel Pilsner aufgesetzt, am 11. November (Martinstag) war es erstmals in einigen Gaststätten der Stadt erhältlich. Und es wurde bejubelt wie weiland Vladislav II., König von Böhmen. Apropos König, im September 1874 schaute Kaiser Franz Joseph I. von Österreich-Ungarn (ja, der Mann von

Sissi) in der Brauerei vorbei, kostete zwei Gläser Pils und befand, dass es bisher noch kein anderes Bier gebe, was dem Pilsner gleichkommen würde. Der Kristallpokal, aus dem der Kaiser dereinst vom Biere naschte, steht heute übrigens im hauseigenen Museum. Daneben kosteten auch andere Prominente den Stoff vor Ort. Als Beispiele seien Großfürst Wladimir Alexandrowitsch (der Bruder des Zaren Alexander III.) oder Jazz-Legende Louis Armstrong, der neben dem Pils auch gleich noch Schweinebraten mit Knödeln antestete, genannt.

Das Pilsner besaß schon damals einen charakteristischen Hopfengeschmack, seine helle Farbe und eine niedrige Stammwürze, was den Export schwieriger machte. Doch der technische Fortschritt nahm Tempo auf, bald schon konnten sich auch die Preußen am Pils erfreuen. Die trugen die Kunde vom leckeren Getränk nach Nord- und Westdeutschland, neben dem Osten der Republik bis heute die Hochburgen des Pilsners. Eigentlich erstaunlich, denn die ersten Tulpen mit dem Stoff gingen noch unter dem Label »Nach bayrischer Brauart« über den Tresen. Logisch, schließlich kam Groll ja auch aus Bayern und ging, drei Jahre nach seiner Heldentat, auch wieder dahin zurück (seine Nachfolger in Pilsen waren in den nächsten Jahrzehnten allerdings auch ausschließlich Bayern), wo er mit seinem Bruder in der Familienbrauerei arbeitete. Den endgültigen Triumph seines flüssigen Babys erlebte er nicht mehr in vollen Zügen, Groll starb 1887. Zu diesem Zeitpunkt breitete sich das Getränk als Pilsner oder Pils weiter aus, bis es schließlich Weltruhm erlangte. Doch dafür brauchte Groll die Hilfe eines Landsmannes.

Carl von Linde wurde ausgerechnet 1842 im Landkreis Kulmbach geboren und machte schon in jungen Jahren Karriere als Maschinenbauer und Ingenieur. Bereits im Alter von 26 Jahren wurde er von der Polytechnischen Schule München zum außerordentlichen Professor ernannt. Er unterrichtete Maschinenbau, in seinem »Maschinenlabor« (dem ersten in Deutschland) lernte unter anderem einen gewisser Rudolf Diesel. Daneben forschte von Linde unablässig selbst. Sein besonderes Steckenpferd war die Kältetechnik, immer wieder veröffentlichte er theoretische Arbeiten darüber. Und die wurden von verschiedenen Brauereien sehr aufmerksam gelesen, da sie immer noch mit den inkonstanten Temperaturen beim Brauvorgang zu kämpfen hatten. Doch damit nicht genug, der Pionier der Kältetechnik, der sein eigenes Studium übrigens nie abgeschlossen hatte, baute auch selbst Maschinen. 1873 gab es ein Preisausschreiben, an dem von Linde teilnahm und dafür einen Apparat entwickelte, der es erstmals ermöglichte, während des Gärprozesses eine konstante Temperatur zu halten. Das Konzept wurde von ihm selbst verfeinert, 1877 war die Maschine auch praktisch einsatzfähig. Anton Dreher junior, von der gleichnamigen Brauerei, nahm sie als erster Brauer überhaupt in Betrieb – die Familie Dreher hatte von Linde bereits seit Jahren gefördert. Doch die Entdeckung, mit der eine gleichmäßige Kellerkühlung möglich war, ließ sich nicht lange verstecken. Andere Brauereien wie Heineken aus den Niederlanden, Carlsberg aus Dänemark oder die Spaten Brauerei aus München nahmen Kontakt zu von Linde auf. Der ließ 1879 seine Professur sausen, um sich ganz auf den Bau von Kältemaschinen konzentrieren zu können. Die Firma wurde innerhalb weniger Jahre Marktführer in Europa. Und als der Winter 1883/84 besonders mild ausfiel, war der kommerzielle Durchbruch geschafft. Von Linde selbst wurde später wieder Professor, entdeckte aber weiter bahnbrechende Verfahren, zum Beispiel jene zur Verflüssigung von Luft oder Stickstoff. Er starb hochbetagt im Jahr 1934. Ohne seine Entdeckungen würde es heute vielleicht keine Kühlschränke, keine künstlichen Eislaufbahnen und vielleicht auch kein Pilsner Bier geben. Denn nur dank konstanter Kühlung konnte sich dieses Bier durchsetzen.

In Deutschland ist es heute das meistverkaufte und beliebteste Bier, rund 55 Prozent des Ausstoßes ist Pils. In Umfragen geben regelmäßig 70 Prozent oder mehr Biertrinker an, am liebsten diese Sorte zu genehmigen.

Und wer so viele Fans hat, um den ranken sich natürlich zahlreiche Legenden und Geschichten. Eine davon lautet, dass ein gut gezapftes Bier sieben Minuten dauert. Diese Mär wurde von faulen und/oder überforderten Wirtsleuten in die Welt gesetzt, die sich so ein wenig Zeit verschaffen wollten. Tatsächlich braucht ein gutes Pils laut Deutschem Brauer-Bund e.V. schlappe drei Minuten und sollte in zwei Zügen eingeschenkt werden. Beim nächsten Kneipenbesuch also gleich mal ein bisschen Druck machen, damit der Kollege hinter dem Tresen nicht einpennt!

Die Stadt Pilsen selbst ist natürlich immer noch stolz wie Bolle auf ihr Exportgut Nummer eins (zusammen mit dem Automobilhersteller Škoda). Die historischen Brauanlagen gehören zu den bekanntesten Sehenswürdigkeiten des Ortes, das Wappen von Pilsen prangt auf vielen Biergläsern des Konzerns. Das Unternehmen selbst hat sich 1898 das Pilsner Urquell als Marke eintragen lassen und sich mittlerweile auch nach diesem Bier benannt (Plzeňský Prazdroj a. s. ist die tschechische Entsprechung von Pilsner Urquell AG). Interessanterweise ist besagte Biermarke vor allem im Ausland populär (bereits im 19. Jahrhundert wurde sie zum Beispiel in die USA exportiert), während in Tschechien das zum Konzern gehörende Gambrinus die Nase vorn hat. Gambrinus Pilsner existierte von 1869 bis zum Ende des Zweiten Weltkriegs als eigenständige Marke. Seit 2004 gehört die gesamte Pilsner Urquell AG zum SABMiller-Konzern, dem zweitgrößten Brauereikonzern nach Anheuser-Busch InBev.

Grund 22

Weil es für Spaß beim Gast sorgen kann

Nicht wenige Menschen in unserem Land leiden unter Zeitdruck. Job, Familie, Hobbys, Zweitjob, uneheliche Kinder aus diversen Affären, Drittjob, kleine Gaunereien am Wochenende. Da bleibt oftmals kaum Zeit, um sich etwas Vernünftiges zu kochen. Deshalb greifen immer mehr Menschen zur Flüssignahrung, da sie zeitsparend zu vertilgen ist und aufgrund des Verzichts auf Kaubewegungen zudem die Zähne geschont werden. Ein Zahnarztbesuch wäre beim besten Willen auch nicht mehr in den Terminkalender einzubauen.

Weizen- oder Weißbier bietet sich als Nahrungsersatz an, denn es schmeckt nicht nur hervorragend, ist gut bekömmlich, enthält kein Fett und hinterlässt im Magen ein angenehmes Völlegefühl. Nein, es hat auch noch ordentlich Kalorien! Im Schnitt über 50 pro 100 Milliliter, während ein gewöhnliches Pils mit rund 40 Kilokalorien hinkommt. Ein simples Wurstbrot, das man sich aufwendig schmieren muss, übertrifft diese Werte um ein Vielfaches.

Tatsächlich gehört das Weizenbier zu den Müttern aller Biere, denn Weizen zählt zu den ältesten Pflanzen, die von den Menschen genutzt werden. Aber über viele Jahrtausende stellte sich eine wichtige Frage: Machen wir Brot draus oder machen wir Bier? Hunger oder Durst? Zweitgenanntes ist schlimmer als Heimweh, wie der Volksmund weiß, aber das sah schon im alten Ägypten manch Vielfraß anders. Immer wieder kam es sogar zu Weizenbierverboten, weil der Grundstoff zur Ernährung der Bevölkerung gebraucht wurde. So auch im Bayern des 16. Jahrhunderts, allerdings wurden hier Sondergenehmigungen vergeben, gegen bare Münze, versteht sich. Bald schon war es der jeweilige bayrische Landesherr, der das Monopol besaß, Verträge mit ganzen Städten abschloss und Gaststätten landstrichweise dazu verdonnerte, die obergärige Spezialität auszuschenken. Denn die dafür fälligen Steuern flossen natürlich wieder in die Staatskasse. Der Reichtum des Landes Bayern gründet sich also zu nicht unerheblichen Teilen auf den Handel mit und die Versteuerung des Getränks, das man bis heute mit Lederhosen und Gamsbärten in Verbindung bringt.

In der heutigen Zeit haben sich weltweit vier verschiedene Sorten des (zumeist) obergärigen Getränks, das in der Flasche oder in Lagertanks nachreift, durchgesetzt. Die naturtrübe Variante gilt dabei als Ursprung. Das Kristallweizen wird jenseits des Weißwurstäquators gerne getrunken. Statt herumflockender Hefe und anderen Schwebeteilchen schwimmt hier oft nur eine Zitronenscheibe in der klaren Brühe, die 1924 »erfunden« und Champagner-Weizen genannt wurde. Angeblich prägten Lebensmitteltechniker, die das Bier testeten, diesen Begriff. Selbiger ist seit rund 50 Jahren allerdings verboten, um die Bauern der Champagne und ihr Prickelwasser zu schützen. Der Geschmack ist frischer und spritziger als bei normalem Weizen, es wirkt insgesamt leichter. Als Brotersatz also nicht ganz so gut zu gebrauchen wie sein gehaltvollerer Bruder.

Das dunkle Weizen hingegen schon. Denn aufgrund seiner Röstmalzanteile, die auch für die Farbe zuständig sind, erinnern manche Sorten im Abgang ein wenig an Brotwaren. Andere haben eine deutliche Karamellnote, insgesamt schmeckt diese Variante deutlich süßlicher. Immer beliebter werden zudem die alkoholfreien Varianten, da sie, anders als beispielsweise beim Pils, geschmacklich nicht so arg weit weg vom Original sind und irgendwie einfach runder schmecken.

Neben diesen Varianten gibt es natürlich noch allerlei Spielereien, vom Eisbockweizen (in Kanada sehr beliebt) über bernsteinfarbenes Weißbier bis hin zu Mischgetränken mit Weizenbier und Bananennektar, Kirschlikör, Cola oder was die eigene perverse Fantasie sonst noch so hergibt.

Die große Kunst des Weizenbierverzehrs ist allerdings nicht das Trinken, sondern das Einschenken. Der Verfasser dieser Zeilen hatte es sich eine Zeit lang zum Hobby gemacht, dieses Getränk nur bei offensichtlich unerfahrenen Servicekräften zu bestellen. Die Vielfalt des Überschwappens und Danebenlaufens ist erstaunlich. Richtig geht es nur so: Typisches Weizenbierglas vorher mit kaltem Wasser ausspülen (verhindert übermäßige Schaumbildung), schräg halten und den goldenen Saft vorsichtig plätschern lassen. Das brutale Umstülpen der Flasche ins Glas sieht nicht nur seltsam aus, es hat auch hygienische Mängel. Denn bei dieser Methode hängt der Flaschenhals im Bier, und wo dieser Flaschenhals vorher hing, lag oder steckte, kann niemand mit Gewissheit sagen. Deshalb der Bedienung im Zweifelsfall lieber zweimal auf die Finger schauen, bevor die Bestellung getätigt wird. Auch wenn Alkohol eine desinfizierende Wirkung besitzt.

Grund 23

Weil es den Nachwuchs fördert

Wer erinnert sich nicht an die seligen Kindertage? Wenn sich die erwachsenen Familienmitglieder oder Freunde von Vaddern beim Bier vor der Glotze zusammenfanden, um Fußball zu schauen, wollte der kleine Stöpsel auch mitmachen. Die Posen der Großen waren schnell abgeguckt, und die Schimpfworte, die dem Gegner auf dem Bildschirm galten, erweiterten den Horizont des Vorschülers doch beträchtlich. Logisch, dass der Filius bei solch einer Gelegenheit nicht wie ein Baby an einer Fanta nuckeln wollte. Aus diesem Grunde wurde das Malzbier erfunden. Malzbier ist süß, schmeckt also auch den meisten Kindern, und enthält fast keinen Alkohol. Das beruhigt Mutti, der es schon reicht, dass sich ihr Nachwuchs wie der Olle verhält.

Die »Schwangerenbrause«, wie Malzbier auch genannt wird, wurde in ihrer heutigen Form 1920 erfunden und kam elf Jahre später unter dem bekannten Namen Vitamalz auf den Markt. So lebten alle glücklich und zufrieden, bis ein bayrisches Gericht im Rahmen des ab Mitte der 1950er-Jahre beginnenden und etliche Jahre andauernden »Süßbierkrieges« verfügte, das Malzbier nur dann Malzbier heißen dürfe, wenn es keinen Zucker oder Süßstoff enthielte. Dies war bei Vitamalz und anderen Getränken ähnlicher Machart allerdings der Fall, weshalb seit diesem Tage häufig der Begriff »Malztrunk« auf den Flaschen steht, damit sich im Süden niemand aufregt. Außerdem war so das alkoholhaltige Malzbier, eine Unterart des dunklen Bieres, vor Verwechslungen geschützt. Erstaunlich, mit welchen Dingen sich deutsche Gerichte nur wenige Jahre nach einem verlorenen Weltkrieg schon wieder beschäftigten.

Apropos Alkohol, den enthalten Malztrünke sehr wohl. Allerdings in verschwindend geringer Menge. Der kleine Schwips entsteht durch den Brauprozess, bei dem die Hefe bei circa 0 Grad Celsius hinzugegeben wird und nahezu nicht zu Alkohol vergärt. Der Alkoholgehalt der meisten Malztrünke liegt allerdings unter dem von Apfelsaft.

Kleine Anekdote am Rande: Wer häufiger zum Malztrunk eines Marktführers greift (ja, die Marke wurde oben bereits erwähnt), wird vielleicht festgestellt haben, dass das Getränk manchmal herber und manchmal süßer schmeckt. Das ist keine Einbildung, denn Vitamalz wird seit 1970 von diversen Brauereien gebraut, unter anderem von Gilde, Holsten, Tucher und dem Mutterhaus Glaabsbräu. Zwar verwenden alle die gleiche Rezeptur, allerdings unterscheiden sich die Rohstoffe, sodass es zu leichten Schwankungen im Geschmack kommt.

Als Malzbier mit dem schönsten Namen soll an dieser Stelle die Marke Doppel-Caramel ausgezeichnet werden, die bis 1990 in der DDR hergestellt wurde und bis heute existiert. Der Sud aus dem Osten hat einen Alkoholgehalt von schrägen 1,2 Volumenprozent. Alleine der Name zergeht auf der Zunge! Da werden aus erwachsenen Männern ganz schnell wieder kleine Stöpsel.

Grund 24

Weil es schützenswert ist

Ja, ist ja gut. Wer nicht im Schatten des Doms aufgewachsen ist oder sich die Geschmacksnerven beim letzten Chili-Scharf-Ess-Wettbewerb komplett verödet hat, wird jetzt einwerfen, dass Kölsch gar kein richtiges Bier ist, sondern maximal eingefärbtes Wasser mit zu wenig Kohlensäure (zumindest wenn traditionell aus dem Holzfass ohne zusätzliche Druckluft gezapft wird). Aber das helle, obergärige Vollbier aus der lustigsten Stadt Deutschlands (Karneval, 1. FC, RTL) erfreut sich einer so großen Beliebtheit, dass es nicht einfach übergangen werden kann.

Wie lange das hopfenbetonte Kölsch schon existiert beziehungsweise auch so heißt, ist nicht genau bekannt. Manche glauben, die ersten Vorläufer seien bereits im 9. Jahrhundert gebraut worden, andere verorten die Geburt des Kölsch vier Jahrhunderte später. Fakt ist allerdings, dass die Kölner schon immer ein Bier-verliebtes Völkchen waren und eifriger brauten als vergleichbar große Städte. Irgendwann setzte sich in der Domstadt das Wieß durch, der ungefilterte Bruder des Kölsch. Wahrscheinlich erst im frühen 20. Jahrhundert entstand das klare Kölsch, so wie wir es kennen. Der Begriff tauchte belegbar erst im Jahr 1918 auf, was dann doch überrascht.

Eine Besonderheit des Kölsch ist die Tatsache, dass es zwar obergärig gebraut wird, allerdings (im Vergleich zu anderen obergärigen Bieren) bei kühlen 14 bis 16 Grad. Und dann ab damit in die Stange. Denn Kölsch, da sind sich die Puristen einig, darf nur aus dem dünnwandigen, albernen 0,2 Liter fassenden Glas getrunken werden. Zwar gibt es selbst in Köln Kneipiers, die den Stoff in Halblitergläsern ausschenken, aber das ist natürlich hochgradiger Kokolores. Denn Kölsch, wenn es erst mal eingeschenkt ist, wird wie kaum ein anderes Bier in Windeseile schal, die Schaumkrone verabschiedet sich und man kann die Plörre auch dem nächsten Gulli überantworten. Etwas anderes ist natürlich die 10-Liter-Granate, im Volksmund »Pittermännchen« (also »kleines Männchen«) genannt, die in diversen Braugaststätten bis an den Tisch gebracht wird. Da kann sich jeder das selber zapfen, was rein geht, und schal wird es auch nicht.

Eine weitere Besonderheit ist die Kölsch-Konvention aus dem Jahr 1985, in der sich alle Kölsch-Brauereien freiwillig dazu verpflichtet haben, zum Beispiel das Reinheitsgebot zu beachten. Außerdem ist klar geregelt, wo eine Brauerei noch stehen darf, die Kölsch braut, und wo nicht. Bonn zum Beispiel ist bereits zu weit weg. Dafür haben die ehemaligen Hauptstädter versucht, ein eigenes Bier ähnlicher Machart mit dem Namen Bönnsch auf den Markt zu bringen, was allerdings nicht sonderlich gut angenommen wurde. Zudem existier(t)en ähnliche Biere aus anderen Städten, wie Mülheim an der Ruhr (Mölmsch) oder Krefeld (Gleumes), die aber alle nicht an die Beliebtheit des Originals anknüpfen konnten.

In der EU ist Kölsch seit 1997 sogar eine geschützte Marke, es darf also auch im europäischen Ausland nicht einfach Kölsch gebraut werden. In weiter entfernten Regionen sieht das schon anders aus. Kölsch aus Japan oder der Türkei gehört allerdings nicht zu den Dingen, die man zwingend im Leben braucht. Eine kleine Besonderheit ist das Eisenbahn Kölsch aus dem brasilianischen Blumenau, da sich diese von deutschen Einwanderern gegründete Brauerei an das deutsche Reinheitsgebot hält und Originalrezepte verwendet. Aber ob man aus dem Süden Brasiliens wirklich noch den Dom sehen kann (eigentlich Grundvoraussetzung fürs Kölsch-Brauen), ist jedoch fraglich.

Grund 25

Weil es Neues und Altes vereint

Obwohl sich das Altbier nur in bestimmten Regionen richtig durchsetzen konnte (früher vor allem Westfalen und Niedersachsen, dazu bis heute am Niederrhein), hat es eine bundesweite Bekanntheit erlangt. Und wer einmal in seinem Leben in Düsseldorf war, ohne am dunklen Getränk genascht zu haben, hat etwas verpasst.

Altbier blickt auf eine lange Tradition zurück, die Bolten Brauerei in Korschenbroich braut zum Beispiel seit dem Jahr 1266 ununterbrochen (hoffentlich wischen die zwischendurch wenigstens mal die Braukessel aus) und bezeichnet sich deshalb als älteste Altbierbrauerei der Welt. Das gleichnamige Nass heißt aber nicht deshalb so. Das Wort leitet sich angeblich vom lateinischen *altus* ab, was »hoch« oder »oben« bedeutet und auf das obergärige Herstellungsverfahren verweist. Da sich das Pils jedoch erst ab Ende des 19. Jahrhunderts (durch die Erfindung von Kühlmöglichkeiten) durchzusetzen begann, wurde in vielen Kneipen lange Zeit das »neue« und das »alte« Bier parallel ausgeschenkt, weshalb der Name doppelt passt.

Die bekannteste (und kommerziell erfolgreichste) deutsche Altbierbrauerei ist Diebels aus Issum in der Nähe von Krefeld. Die existiert seit dem späten 19. Jahrhundert, war die meiste Zeit über eine lokale Brauerei und spezialisierte sich erst in den Siebzigerjahren des letzten Jahrhunderts auf Altbierspezialitäten, wodurch sie bundesweite Bekanntheit erlangte. 1987 kam das erste alkoholfreie Alt aus Issum, seit Beginn des neuen Jahrtausends wurde der Altbier-Kurs allerdings verlassen, es wird mittlerweile auch wieder ein Pils angeboten. Seit 2012 gibt es sogar eine »Freie Republik Diebels« (eine Marketingidee), deren Staatsangehörigkeit jeder erwerben kann. Allerdings ist ein Einbürgerungstest Pflicht.

Das herbe Vollbier (egal welcher Marke) hat bekanntermaßen vor allem in Düsseldorf und Umgebung seine Fans, wo am »längsten Tresen der Welt« die Altbierpokale bis zur Tennisarmdiagnose geschwenkt werden. Bevorzugt angestimmt wird dazu das Lied … *wo bleibt unser Altbier?*, ein Karnevalshit aus dem Jahr 1978 von Hans Ludwig Lonsdorfer, das als Coverversion der Die Toten Hosen (hier unter dem Titel *Das Altbierlied*) 1986 auch deutschlandweit bekannt wurde. Der Komponist hatte allerdings nichts mehr davon, er starb zwei Jahre zuvor an Krebs.

Eine bundesweit beliebte Variante ist die Altbierbowle, die immer dann auf dem Tisch steht, wenn der Gastgeber seinen Freunden zeigen möchte, dass er eigentlich gar keine Lust hat, Gastgeber zu sein. Denn die Herstellung ist extrem einfach: Altbier in eine Bowleschüssel kippen, dazu Fruchtlikörchen oder Sirup geben, eventuell auch den einen oder anderen Schuss Cola. Dann mit Todesverachtung drei Dosen eingelegter Früchte aus dem Discounter dazukippen, umrühren, fertig. So und nicht anders sieht der ausgestreckte Mittelfinger der deutschen Terrassenbewirtung aus!

Grund 26

Weil es weltlich und göttlich ist

Was bieten sich beim Bockbier nicht alles für Wortspiele an. Von »Bock auf ein Bier«, über »den Bock zum Trinker gemacht« bis hin zu »Bock doch mal das Bier auf« ist alles drin. Aber wir wollen uns hier auf die Fakten konzentrieren.

Als Erfinder des Bockbiers gelten die niedersächsischen Einbecker, die 1240 aus Braunschweig das Braurecht erhielten und fortan leckere Biere herstellten, die ab dem 14. Jahrhundert immer bekannter wurden. Der Legende nach soll unter anderem auch Martin Luther zu den Fans des Bieres gehört haben. Der gute Ruf des Getränks verbreitete sich weiter gen Süden, erst nach Bayern, dann nach Italien. Also musste exportiert werden. Und das ging damals eben nur mit erhöhtem Stammwürzegehalt und mehr Alkohol. So entstand der Sud, der, in größeren Mengen verkostet, für mächtiges Schädelhämmern sorgen kann.

Der herzogliche Hof in München kam im 16. Jahrhundert darauf, dass man gar kein Bier mehr importieren muss, wenn man den zuständigen Braumeister importiert. Und so wurde Elias Pichler (hihi) nach Bayern transferiert (das konnten sie schon immer, auch ohne Hoeneß und Rummenigge), wo er das Bier nach Einbecker Art braute. Einbeck wurde damals »Ainpöck« ausgesprochen, also verzehrten die Münchner Ainpöcker Bier, woraus schließlich das kürzere »Pöck« und schließlich »Bock« wurde. Mit müffelnden Ziegenböcken hat das Getränk somit nichts zu tun.

Der Doppelbock, die stärkere Variante des Getränks, wurde allerdings in Bayern erfunden. Die Mönche des Ordens des Heiligen Franz von Paula suchten im Jahr 1629 nach einem schmackhaften Getränk, das gleichzeitig sättigte. Das Bockbier war schon mal ein guter Ansatz, aber mit dem Anheben des Stammwürzegehalts ließ sich da noch mehr rauskitzeln. Das Salvator (ursprünglich Sankt-Vaters-Bier) war geboren und erfreute sich auch außerhalb der Fastenzeit, in der die Mönche nur Flüssiges zu sich nehmen durften, großer Beliebtheit.

Üblich war und ist es allerdings auch, zu besonderen Gelegenheiten ein spezielles Bockbier zu brauen. So gibt es Maibock, Winterbock oder Bockbiere zu speziellen Festen. Pils- oder Kölsch-Trinker begehen gerne den Fehler, das Starkbier (Doppelbock liegt gerne bei acht Volumenprozenten und mehr) wie ihr gewöhnliches Bierchen wegzukippen. Davon ist abzuraten. Denn in diesem Fall kippt erst das Bier und dann der Trinker. In der Regel kopfüber in den Graben.

Grund 27

Weil es Hilfe für den Aufbau Ost leistet

Seitdem es die Zonengrenze nicht mehr gibt, hat sich in Deutschland ein kleiner, aber feiner Schwarzbier-Trend entwickelt. Warum das Getränk gerade im Osten so beliebt ist, lässt sich nicht zu 100 Prozent beantworten. Fest steht, dass der dunkle Schluck mit (zumeist) heller Krone eine lange Vergangenheit in Thüringen, Brandenburg und Sachsen hat. Heute zählt zudem Mecklenburg-Vorpommern zu den Hochburgen. Im östlichen Teil des Landes wurden schon im 16. Jahrhundert Schwarzbiere hergestellt, also lange bevor sich die Schmähung »Dunkeldeutschland« durchsetzte. Tatsächlich wurde während der Teilung zwischen 1945 und 1989 in Ostdeutschland aber gar nicht so viel Schwarzbier getrunken, die weitaus größere Menge ging vielmehr in den Export. Für sozialistische Bruderstaaten nur das Beste!

Nach der Wende kamen ein paar findige Markenexperten auf die Idee, das Schwarzbier als einheimische Spezialität zu vermarkten, was prima klappte und bis heute klappt, auch wenn Schwarzbier (die Werbung suggeriert manchmal etwas anderes) nach wie vor ein Nischenprodukt ist.

Die charakteristische Farbe erhält das Bier durch die Verwendung speziell gedarrter Röstmalze, die auch für den Geschmack verantwortlich sind. Ein weit verbreiteter Irrglaube ist, dass Schwarzbiere gleichzeitig Starkbiere sind. Denn in der Regel hat ein Schwarzbier zwischen 4,8 und fünf Umdrehungen, liegt also im Bereich eines Pils und gehört zu den Vollbieren. Wer den Frevel begeht, sein liebevoll gebrautes Getränk mit Cola zu mixen, bekommt allerdings genau das, was er (oder sie) verdient: ein Schmutziges.

Neben dem bekannten Köstritzer gibt es eine Reihe von weiteren kostenswerten Schwarzbieren. Zum Beispiel das Klosterbräu

Schwärzla aus Bamberg, das Störtebeker aus Stralsund, das ziemlich süße Meusel-Bräu Lichtensteiner aus Oberfranken oder die Schwarze Anna der Privatbrauerei Neder aus Forchheim.

Zu letztgenanntem Schwarzbier gehört das in Forchheim jährlich stattfindende zehntägige Annafest, das am Kellerberg gefeiert wird. Besagter Berg ist seit vielen Jahrhunderten von Gängen durchlöchert, in denen die damaligen Brauer ihr Bier lagerten. Zum Teil werden die Schächte heute noch genutzt. Zum Fest der heiligen Anna gibt es rund um den Berg 30.000 Sitzplätze für Gäste, was ziemlich genau der Einwohnerzahl von Forchheim entspricht. Im Laufe der zehn Tage sind durchschnittlich eine halbe Million Besucher vor Ort.

Der Ursprung der Riesenfete liegt ausgerechnet im Jahr 1516, als nahe Forchheim der heiligen Anna eine Kapelle geweiht wurde. Einige Forchheimer pilgerten zur Kapelle und machten auf dem Rückweg halt am Kellerberg, um sich nach erfolgter Seelenreinwaschung erst mal die Därme durchzuspülen. Das gottlose Volk, das zu Hause geblieben war, gesellte sich dazu. Und schon war der ganze Ort am Feiern, und niemand wusste warum. Aber das sind ja bekanntlich die besten Feten.

Grund 28

Weil es nicht immer stark gehopft sein muss

Das Lagerbier läuft einem im Ausland, zum Beispiel in Großbritannien, recht häufig über den Weg. In Deutschland hört man diese Bezeichnung seltener. Ursprünglich bezeichnet dieser Begriff auch gar keine Sorte, sondern war ein Oberbegriff für alle Voll- und Schankbiere, die in der Brauerei nachreiften, also eingelagert wurden und dafür eine besondere Kühlung brauchten.

Als Erfinder des Lagerbiers gilt der österreichische Brauindustrielle Anton Dreher senior (1810–1863), der mit dem Geld seiner Ehefrau das Klein-Schwechater Brauhaus kaufte und daraus ein Imperium formte. Die Brauerei Schwechat (gehört heute zu Heineken), das italienische Birra Dreher oder das ungarische Dreher-Bier zeugen bis heute von der einstigen Größe des Unternehmens, das eine Zeit lang tatsächlich der größte Brauereiverbund Europas war.

1840 braute Dreher erstmals ein untergäriges Bier, nannte es allerdings Märzen. Der Name Schwechater Lagerbier kam erst später. Der Brauprozess machte Probleme, deshalb war Dreher schon versucht, das Experiment einzustellen und sich wieder den obergärigen Getränken zu widmen. Aber das Bier wurde in Wien (und bald darüber hinaus) ein Renner, also blieb Dreher dabei. Er schuf riesige Kühlkeller und interessierte sich für die Entwicklung der Kältetechnik. Aber erst sein Sohn sollte mit Carl von Linde auf das richtige Pferd setzen. Doch auch Anton senior wusste schon früh, wie der Hase läuft, und schaffte es, sein Imperium weiter auszubauen. Sein Lagerbier, das mittlerweile auch so hieß, wurde in ganz Europa getrunken.

Lagerbiere (hell oder dunkel), die auch wirklich noch so genannt werden, gibt es heute vor allem in Süddeutschland. Sie sind quasi das Gegenstück zu den norddeutschen, herberen Pils-Sorten. Die deutlich geringere Hopfung wird von manchen auch als wässrig empfunden, viele dieser Biere weisen zudem eine dezente Süße und häufig (aber nicht zwangsläufig) einen leicht niedrigeren Alkoholgehalt als Pilsner auf.

Ein recht bekanntes Lager aus Deutschland stammt aus der hessischen Binding-Brauerei. Die wurde 1870 in Frankfurt gegründet und entwickelte sich im Laufe der Jahrzehnte zu einer Art Staubsauger. Wo immer eine Brauerei in Schwierigkeiten war, schlug Binding zu und sicherte sich so Markennamen wie Schöfferhofer (hier durch Fusion), Clausthaler, Mainzer Aktien-Bier oder Henninger. Heute gehört Binding zur Radeberger-Gruppe. Das Binding Lager

(4,5 Volumenprozent) kommt für passionierte Pilstrinker sehr mild daher, wenig Malz, etwas mehr Hopfen im Geschmack. Nichts, wofür man seine Großmutter verkaufen würde. Lager halt.

Zurück zur Sortenbestimmung: In Großbritannien bekommt nahezu jedes Bier, das in eine Flasche abgefüllt wurde, auch das Prädikat Lager. Hier bezieht sich der Name tatsächlich auf untergärige Biere, die nachreifen und nicht lange haltbar sind (bis zu sechs Monate). Auf der anderen Seite werden im Ausland häufig alle deutschen Biere, die untergärig gebraut wurden, Lagerbier genannt. Ganz schön verwirrend, oder?

Aber egal ob britisches, deutsches, österreichisches oder ungarisches Bier welcher Art auch immer: Kisten müssen grundsätzlich in den kühlen und dunklen (Lager-)Keller und beizeiten getrunken werden! Sonst schmeckt das Zeug irgendwann dermaßen wie abgestandenes Frittenfett, dass die Dreher-Sippe aus ihren kalten Gräbern steigt, um Ihnen gehörig die Leviten zu lesen. Zum Vergammelnlassen wurde das Zeug nämlich nicht erfunden.

Grund 29

Weil es München und Dortmund verbindet

Wer in den Siebzigerjahren des letzten Jahrhunderts oder früher aufgewachsen ist (ja, ich weiß, lange her), kann sich wahrscheinlich noch gut an die Bieretiketten erinnern, auf denen das Wort »Export« prangte. Diese Biersorte war vor allem in dieser Zeit recht populär, auch aufgrund seines etwas höheren Alkoholgehalts und des kräftigen, bisweilen etwas süßlichen Geschmacks, der durch besondere Malze und das stärkere Einbrauen hervorgerufen wird.

Historisch betrachtet waren die untergärigen Exportbiere, wer hätte es gedacht, tatsächlich ausschließlich für den Export gedacht.

Im Mittelalter, in dem sich Kühlschränke noch nicht so recht durchgesetzt hatten, waren diese Biere wesentlich stärker und sollten erst am Bestimmungsort, mit Wasser vermischt, zu trinkbarem Bier werden. Aber natürlich kamen die Schluckspechte ihrer Zeit schnell darauf, dass der pure Stoff viel mehr knallt. So setzten sich Exportbiere nach und nach auch in der jeweiligen Heimat der Braustätten durch. Nach dem Zweiten Weltkrieg erlebte das Export noch mal eine Hochphase, bis sich das herbere, aber schlankere Pils als beliebtestes Bier durchsetzte.

Besonders beliebt war und ist das Export in München und Umgebung. Dort, so die Legende, ist das Wasser recht kalkhaltig, weshalb die Brauer schon früh weniger Hopfen ins Bier gaben. Dafür dominiert die Gerstenmalznote, was das Münchner Gebräu zum klassischen Export macht. Der Dortmunder Braumeister Heinrich Wenker, Spross einer ganzen Brauer-Dynastie, lernte dieses Verfahren in seinen Lehr- und Wanderjahren kennen und exportierte es in seine ruhrpottliche Heimat. Dort fand er eine andere Wasserqualität vor, weshalb er mehr Hopfen in den Kessel seiner Brauanlage kippte. Aus diesem Grund schmeckt das Dortmunder Export auch anders als das Münchner. In den Hütten und Stahlwerken der Peripherie wurde das Export der Privatbrauerei Dortmunder Kronen positiv aufgenommen, es ließ sich prima in der Frühstückspause verputzen und ersetzte so manche Stulle. Deshalb bekam das Export, das bald von anderen Brauereien kopiert wurde, auch den Stempel »Arbeiterbier« verpasst und durfte, neben dem Maurer-Dekolleté, lange Zeit auf keiner Baustelle fehlen.

Heute gelten eingefleischte Export-Trinker fast schon als Exoten. Zumindest in den meisten Landstrichen dieser Republik. Der Stammsitz der Wenkers am Alten Markt in Dortmund, dessen Ursprünge bis in das 15. Jahrhundert zurückgehen, beherbergt bis heute die Kronenbrauerei und eine Gaststätte, die nach der Brauer-Familie benannt ist. Hier lässt sich hervorragend ein frisches Export genießen. Und mal ehrlich, was sollte man sonst in

Dortmund auch anderes machen? Ein weiterer Tipp ist das Dortmunder Union Export. Dieses Bier hat einen angenehmen Einstieg, ist extrem süffig und wirkt schön lange nach. So muss ein Export schmecken. Weiter südlich haben die bekannten Biere wie Paulaner oder Hacker-Pschorr die Lederhosen an. Aber in vielen der zahlreichen Braugasthöfe finden sich auch unbekanntere Marken. Und zu einem Münchner Dunkel gehören eh ein oder zwei Schweinebraten.

Grund 30

Weil es gemixt werden kann (aber nicht muss)

Wer sich in England Freunde fürs Leben machen möchte, der geht in einen Fußball-Pub und fragt lautstark, ob hier jemand anwesend sei, der etwas vom Elfmeterschießen versteht. Wer in der Schweiz Aufmerksamkeit erregen will, haut beim Frühstück vor den Augen des Hotelkochs die liebevoll angerichtete Platte mit Gruyère in den Abfalleimer und verlangt nach Sprühkäse aus der Dose. Und wer in Deutschland seinen Spaß haben möchte, der bestellt ein Bier und panscht irgendeine Flüssigkeit hinein, die da nicht hineingehört. So war es zumindest bis vor ein paar Jahren. Okay, wenn Oma Else, die schon dreimal am offenen Herzen operiert wurde, an ihrem 90. Geburtstag ihr Pils mit einem Schluck Wasser gestreckt hat (kurz BMW = Bier mit Wasser), hat auch anno 1980 niemand etwas gesagt. Aber grundsätzlich galt das Bier als unantastbar. Bis die EU unser schönes, restriktives Lebensmittelgesetz quasi außer Kraft setzte und die Industrie die Biermischgetränke für sich entdeckte.

Wem normales Bier per se zu herb ist (ach Gottchen), der kann mittlerweile aus einer Vielzahl von Geschmacksrichtungen wählen. Hefeweizen Birne, Pils mit brasilianischer Curuba-Frucht oder Helles mit Koffein für den extrawachen (aber leider betrunkenen) Autofahrer. Fehlen eigentlich nur noch linksdrehende Joghurtkulturen, die den Darm entlasten. Wer zur Hölle braucht so etwas? Ach ja, die, die Bier eigentlich nicht mögen. Warum diese Menschen dann nicht einfach etwas anderes aus den gut sortierten Regalen der Getränkefachmärkte zerren, anstatt das beste Getränk der Welt mit irgendwelchen Zusätzen zuzuknattern, ist ein Mysterium. Die Industrie ist für den neuen Trend natürlich dankbar, denn nun kann sie ihrer Kreativität freien Lauf lassen. Und dank findiger Werbemenschen, die uns die Mischungen als das Größte seit Erfindung des Bierdeckels verkaufen wollten. Bei manchen Menschen hat das geklappt. So wurden laut Deutscher Brauer-Bund e.V. 1998 noch knapp 1,2 Millionen Liter an Biermixen verkauft, genau zehn Jahre später waren es schon fast 4,2 Millionen Liter, was 4,2 Prozent des Gesamtbierverkaufes ausmacht.[5] Seitdem geht es für die lustigen Partybegleiter zwar wieder leicht bergab, aber es gibt immer noch genügend Konsumenten, die sich an den bunten Mixgetränken laben.

Die ganz Harten geben sich nicht mit von der Industrie vorgemixten »Leckereien« zufrieden, sondern brauen sich ihr Süppchen selbst zusammen. Dabei gibt es neben den bekannten Varianten wie dem bereits erwähnten BMW, dem Alster oder dem Diesel auch einige Kuriositäten. So schütten sich die Bewohner nicht näher benannter Landstriche roten Fruchtsirup ins Pils und nennen das Ergebnis dann Monaco. Fürst Rainier und die gesamte Grimaldi-Sippe dürften im Grab rotieren. Wieder andere räumen gleich den halben Kühlschrank aus, um sich ein Laternmaß (oder Schlusslicht) zu mixen. 0,5 Liter Bier, dazu die gleiche Menge Zitronenlimonade und einen Schuss Kirschlikör drüber und im Maßkrug serviert. Toll, klingt wie Leberwurstbrot mit Nutella. Wer es noch derber mag, der hämmert sich vier Zentiliter Weinbrand ins Weißbier und schmeißt noch ein rohes Ei hinterher. Das nennt sich im Süden dieser Republik dann Goaß (Schreibweise und Rezept variieren von Region zu Region). Und dann immer hinein, Onkel Otto. Was das noch mit Trinkkultur zu tun hat? Das ist eine gute Frage!

Kapitel 4

Bräuche

Grund 31

Weil es noch Brauereibesichtigungen gibt

Wenn sich Seniorenkegelvereine, freiwillige Feuerwehren und Betriebssportgruppen am frühen Nachmittag vor unscheinbaren Werktoren versammeln und ihre Riechorgane genießerisch in die malzige Luft recken, dann ist Brauereibesichtigung. Ein besonders in Deutschland beliebter Zeitvertreib, da sich hier unter dem Deckmäntelchen der Weiterbildung das Erreichen der 2-Promille-Grenze vor 15 Uhr entschuldigen lässt. Während große Brauereien zunehmend auf das Herumführen von naseweisen Konsumenten durch die eigenen Hallen verzichten oder die Führungen (im wahrsten Sinne des Wortes) so trocken gestalten, dass es sowieso niemanden mehr interessiert, schlägt hier die Stunde der lokalen Bierpanscher. Gegen ein schmales Entgelt wird wie vor 30 Jahren jedes Register gezogen, um die eigene Marke im rechten Licht dastehen zu lassen. Und das geht am besten, wenn die Kundschaft die Lampen an hat.

Wenn sich das Werkstor endlich öffnet, gibt es drei Möglichkeiten. Entweder steht ein mies gelaunter Rentner oder eine abenteuerlustige Hausfrau vor der durstigen Gruppe, um sich als Führer vorzustellen. Erfahrene Brauereibesichtiger wissen: Das ist gut! Denn der Rentner hat keine Lust und die Dame nicht genügend Fachwissen, um sich stundenlang über Malztreber und Würzepfannen auszulassen. Wer Pech hat, gerät an Variante drei, einen rundbäuchigen, rotbäckigen Braumeister, der schon bei der Begrüßung mit so vielen Fachbegriffen um sich wirft, dass sich der geneigte Besucher in einem Chemieseminar der örtlichen Uni wähnt. Aber das Schicksal ist leichter zu ertragen, wenn man weiß, dass am Ende des Tunnels (im Braustüberl) schon Licht brennt. Mehr oder weniger motiviert wird das Pack durch die Hallen geschleust, Abfüllanlagen, Sudhaus und Kühlschiff werden bestaunt.

Obergärig, untergärig, bitte sehr! Egal welcher Gruppe man sich selbst angeschlossen hat, einer ist immer dabei, der an jeder noch so langweiligen Station eine wichtige Frage an das Führungspersonal hat. Mit missionarischem Eifer wird das immer lauter werdende Gemurmel der Gruppe ignoriert, die irgendwann gerne zum Ende und an die Tröge beziehungsweise Fässer kommen würde. In der Regel hilft bei solchen Personen nur die Androhung roher Gewalt wie das Versenken im hauseigenen Brunnenschacht, um sie zum Schweigen zu bringen.

Irgendwann ist aber auch die längste Führung vorbei, es folgt die Verkostung. Um eine Grundlage zu schaffen, bieten die meisten Brauereien einen deftigen Imbiss an. Das reicht, je nach Finanzlage des Unternehmens, von belegten Leberwurstschnitten bis hin zum Eisbein mit Sauerkraut. Im Grunde auch egal, Hauptsache viel und fettig. Und wenn einen vom gedeckten Tisch aus der gute, alte Mettigel anlächelt, kommen sowieso heimatliche Gefühle auf. Bei genauerem Betrachten des Stüberls stellt man schließlich fest, dass es wirklich ein bisschen wie zu Hause aussieht. Zumindest in der Erinnerung von vor ungefähr 30 Jahren. Rustikales Holz, Blümchentapete und ein Nikotinsiff im Raum, dass selbst Helmut Schmidt ein Fenster öffnen würde. Doch nun kommt die Königsdisziplin einer jeden Brauereibesichtigung: das Herunterstürzen der einheimischen Produktlinie unter Ignoranz sämtlicher physikalischer Grundsätze. Zwei oder drei Stunden wird gepumpt, geschnauft und zwischen Brustbein und Leistenband noch Platz für zwei weitere Liter geschaffen. Das Servicepersonal reißt einem das kaum geleerte Glas aus dem Gesicht und knallt mit Todesverachtung einen weiteren Kelch auf den Tisch. Manche Brauereien nutzen diese Versammlungen von Kampftrinksportlern zudem, um neue Produkte am lebenden Objekt zu testen. »Hier unsere neueste Kreation, ein fröhliches Frühlingsbier, mit Himbeeraromen und einem Schuss Aperol. Für die moderne Frau von heute, die alles tragen kann«, flötet es hinter der Theke hervor. »Gib her den Scheiß!«, grölt es von den Holzbänken. Ex und weg, ist ja umsonst.

Kurz nachdem der Männergesangsverein Goldkehlchen von 1863 zum dritten Mal *Hoch auf dem gelben Wagen* angestimmt hat, wird die letzte Runde ausgerufen, die grundsätzlich zu früh kommt, auch wenn allen Besuchern das Gebräu schon aus den Nasenlöchern läuft. Schwankend geht es wieder durch das Werkstor gen Freiheit, aber nicht, ohne vorher noch mal im Souvenirshop eingekauft zu haben. Flaschenöffner, Kugelschreiber, Feuerzeuge. All den Plunder, den man kurz vor wichtigen Wahlen oder bei Möbelhauseröffnungen hinterhergeschmissen bekommt, wechselt für teuer Geld den Besitzer. Die Welt vor der Tür ist mit mittlerweile 2,5 Promille dafür aber viel freundlicher, auch wenn manch Passant aufgrund der torkelnden Horde vielleicht etwas befremdlich schaut. Doch halb kaputt ist noch halb heile, geht also nicht. Clevere Brauereien haben in direkter Schlagdistanz zu ihrer Produktionsstätte eine öffentliche Gaststätte, in die die angeschickerte Meute nun einfallen kann. Was eben noch mit kaum unterdrücktem Ekel für umsonst heruntergewürgt wurde, kostet jetzt drei Euro, aber das stört endgültig niemanden mehr. Irgendwann fällt der Vorhang, man wacht (im Optimalfall) am nächsten Tag im eigenen Bett auf und hat das Gefühl, 1516 verschiedene Arten von Kopfschmerzen sein Eigen zu nennen. Was für ein Tag, müssen wir unbedingt mal wieder machen!

Grund 32

Weil man damit die Toten grüßen kann

In Deutschland und vielen anderen Ländern ist es üblich, mit seinem Gegenüber anzustoßen. Bevorzugt natürlich mit Bier, logisch.

Woher dieser Brauch kommt, ist nicht zweifelsfrei überliefert, aber es gibt ein paar schöne Ansätze.

Manche glauben, das Anstoßen stehe für das Feiern mit den Lebenden. Wer seinen Krug oder das Glas danach noch mal mit dem Boden auf die Tischplatte klopft (angeblich ein Ritual, das die Freimaurer einführten), grüßt damit die Toten, die nicht mehr am gemütlichen Beisammensein teilnehmen können. Andere Quellen behaupten, das zweite Klopfen solle diejenigen am Tisch grüßen, mit denen man nicht direkt anstoßen kann. Auch wird von einem Brauch berichtet, der aus dem Dreißigjährigen Krieg stammen soll: Wer sein Bier austrank und eine Münze im Krug fand, musste in die Armee eintreten. Rekrutierungsoffiziere sollen gezielt in Schenken unterwegs gewesen sein, um Männern Münzen ins Bier zu schnippen. Deshalb schlugen die Trinker ihr Gefäß zur Sicherheit vor dem letzten Schluck auf die Tischkante, in der Hoffnung, eine etwaige Münze würde sich bemerkbar machen. Wer die Münze vor dem letzten Schluck entdeckte, war nämlich befreit und durfte weiterzechen. Bis derjenige so betrunken war, dass er nicht mehr an die Münzgeschichte dachte.

Das Klopfen mit dem Krug oder Glas kann aber auch bedeuten, das eigentlich freundlich gemeinte Anstoßen werde wieder zurückgenommen. Die Nazis verbreiteten eine ganz eigene Theorie: Die Juden wurden, wie ja gemeinhin bekannt, als gieriges Volk bezeichnet. Wer sein Bier also vor dem ersten Schluck noch mal kurz abstellte, bewies Zurückhaltung und war damit kein Jude. Eine extrem abstruse Idee.

Auch nicht wesentlich sympathischer ist eine andere Erklärung, die aus dem Mittelalter stammt. Zu jener Zeit war es schwer in Mode, sein Gegenüber mit einem giftigen Getränk über den Jordan zu befördern, um an Burg, Weib oder Vermögen zu kommen. Beim Anstoßen schwappte ein bisschen Bier (oder Wein) in die anderen Gläser. Jetzt hieß es also alle oder keiner. Eine ganz neue Art des Zusammengehörigkeitsgefühls.

Grund 33

Weil es den Sonntagvormittag bereichert(e)

Wie heißt es, wenn Mutti alle zwei Minuten aus dem Küchenfenster guckt, der Rinderbraten im Ofen langsam die Farbe eines Schwarzbiers annimmt und der ungezogene Nachwuchs nach Futter schreit? Richtig, Frühschoppen. Ein früher meist von Männern ausgeführtes Hobby, gerne in Verbindung mit dem Spielen bei oder dem Schauen von unterklassigen Fußballklubs. Nach dem Kick wurde sich dann noch mal »kurz« zusammengesetzt, auf ein oder zwei Bierchen. In der Abenddämmerung kam der Ernährer dann nach Hause geschwankt und beschwerte sich erst mal darüber, dass es nichts Warmes mehr zu essen gab.

Ja, so war das damals. Heute ist entweder die Frau mit ihrem Klub beim Prosecco-Brunch oder schon längst ausgezogen, die Blagen haben sich bei McDonald's eingedeckt, und der Hausherr kennt den Geruch von frisch Gekochtem nur noch aus seiner Kindheitserinnerung, als seine Mutti damals am Küchenfenster stand. Ohne Aufsicht nach draußen darf er sowieso nicht mehr. Ja, die Zeiten ändern sich. Aber so ist das halt. Früher durfte in Fernsehsendungen ja auch noch geraucht werden (siehe »Internationaler Frühschoppen«).

Grund 34

Weil es auch unter freiem Himmel schmeckt

Wer als menschliches Biertrinkerwesen vom Paradies träumt, hat in der Regel Folgendes vor Augen: einen Holztisch mit einem gefüllten Glas Bier, dazu ein paar geschmierte Stullen von Mutti (Ehemuttchen, Tochter, weiblicher Vormund o. ä.). Das alles steht unter dem Schatten spendenden Blätterwerk einer alten Kastanie und vielleicht sitzen noch einige alte Freunde mit am Tisch, die einem genau in dem Maße (höhö) Gesellschaft leisten, das noch erträglich ist. Das Leben könnte so schön sein – und ist es auch, zumindest in den meisten Biergärten Deutschlands. Wer jetzt aber glaubt, dass bereits Norbert Neandertaler nach erfolgreicher Wollmammutjagd seinen viereckigen Steintisch in die Sonne rückte, um ein gepflegtes Feierabend-Bierchen zu genießen, liegt falsch. Abgesehen davon, dass es im Pleistozän wahrscheinlich noch keinen Gerstensaft gab, ist der Biergarten eine recht junge Erfindung.

Und die stammt, wie sollte es anders sein, aus Bayern, vielleicht sogar aus Franken. Die Brauer mussten sich im Mittelalter etwas einfallen lassen, um das unbehandelte Bier auch in den Sommermonaten haltbar zu machen. Da der Untergrund in vielen Ecken Frankens aus Sandstein besteht, buddelten sich die Brauer einfach in die Erde. So konnten die Fässer auf natürliche Weise gekühlt werden. Schnell merkten die gewieften Nachfolger der Merowinger, dass es nicht sonderlich einträglich ist, seine Fässer im Untergrund zu verstecken, denn schließlich sollte die Plörre doch getrunken werden. Also richteten sie Teile ihrer Bierkeller gemütlich her. Nun saß das Volk wie die mutierten Maulwürfe im Keller und trank. Auch nicht der Weisheit letzter Schluss, schon gar nicht im Sommer. Also wurden Bänke und Stühle in den nächsten Garten, der vom Keller aus zu erreichen war, gezerrt. Weil dieses Konzept bestens funktionierte, begannen die Brauereien im 19. Jahrhundert, selbst in der Großstadt München extra Gärten anzulegen, zum Teil direkt über den Bierkellern. Als Bepflanzung wurde die Kastanie gewählt, da deren relativ flache Wurzeln das kostbare Gut unter der Erde nicht gefährdeten.

Außerdem hatten die Brauer im Sommer eh nicht viel zu tun, da zum Beispiel in München nur zwischen Ende September und Ende

April gebraut werden durfte, unter anderem wegen der niedrigen Temperaturen, die während des Brauprozesses benötigt wurden. Außerdem bestand erhöhte Brandgefahr, was sich ausnahmsweise auf die umliegenden Häuser bezog und nicht auf das Gefühl in der Kehle eines Durstigen. Was lag näher, als sich im Bewirten von Ausflüglern zu konzentrieren? Schnell noch einen Schweinebraten und ein paar Brezeln auf die Karte gesetzt, fertig. Da die ersten Biergärten samt ihren Untergeschossen zu dieser Zeit häufig außerhalb der Innenstadt lagen, wanderte das durstige Volk also in die Umgebung aus, um den Sonntag mit Kind, Kegel und Nachdurst vom samstäglichen Abendbesäufnis in den grünen Auen zu begießen. Das gefiel wiederum den innerstädtischen Wirtsleuten nicht, die saßen nämlich nun alleine in ihren schicken, sauteuren Gasthäusern und schauten den halben Hähnchen beim Verbrutzeln zu. Der damalige König Bayerns, Maximilian I. Joseph, fand deshalb nicht nur Zeit, 13 Kinder in die Welt zu setzen, sondern verfügte 1812 zudem, dass die Biergärten zwar bleiben dürften, aber außer Brot keine Speisen mehr angeboten werden sollen. Damit die armen Innenstadtwirte wenigstens ein Pfund zum Wuchern hätten. Die oberbayrischen Brauer machten aus der Not eine Tugend und erlaubten ihren Gästen einfach, ihr eigenes Futter mitzubringen, was nicht nur Kosten auf beiden Seiten sparte, sondern auch zur sprichwörtlichen Gemütlichkeit beitrug. Tausche ein hart gekochtes Ei gegen eine halbe Tomate oder so. Deshalb ist es in einem traditionellen Biergarten (in bestimmten gekennzeichneten Bereichen) erlaubt, sich selbst zu versorgen. Was den Innenstadtwirt als solchen bis heute ärgern dürfte, schließlich sind die Mieten seit damals nicht unbedingt gesunken.

Der Biergarten als Idee des kommunikativen Dattelhains für Arbeiter und Bürger (die Oberschicht wusste schon damals nicht, was wirklich Spaß macht) breitete sich aus, heute gibt es von Kiel über Cottbus bis Koblenz überall Freiluftschenken, wenn auch meist mit Restaurantanschluss. Denn das Speisenverkaufsverbot wurde schon wenige Jahre später wieder einkassiert. Aber nicht nur in Deutschland und Österreich schätzt man das Freiluftbesäufnis, der *Beer garden* hat sich längst über die ganze Welt ausgebreitet. Allerdings in unterschiedlicher Ausprägung. So pappen die Gärten in Großbritannien zumeist an Pubs dran und haben, zumindest in London, gerne mal die Größe einer handelsüblichen Besenkammer. Na ja, regnet da ja eh dauernd. In den USA mag man sich nicht so gerne »nur« unterhalten, deshalb pflastern die Amis gerne Bowling-Anlagen, Bühnen für Aufführungen und sogar Schießanlagen (!) in ihre Gärten. Nicht, dass noch jemand vor Langeweile in den importierten Obatzda kippt. In Japan wiederum ist auf dem Boden traditionell wenig Platz, also findet man die Open-Air-Schenken zumeist auf Dächern von teuren Restaurants und Hotels. Wer da mal schnell pinkeln will und falsch abbiegt, hat sein letztes Bier getrunken, aber zum Schluss noch mal eine grandiose Aussicht. In Griechenland finden sich ebenfalls einige Biergärten, die Schutz vor der brutzelnden Sonne oder der »goldenen Morgenröte« (Nazipack!) bieten. Wer allerdings einmal in seinem Leben das einheimische Mythos probiert hat, weiß, warum es in diesem Land nur elf Brauereien gibt. Entweder brauen die da Stinkmorcheln mit ein oder deren Wasser stammt direkt aus dem Hades. Dagegen ist der türkische Dönerbuden-Renner Efes Pilsen ja reines Gold. Dann doch lieber zurück nach Bayern, wo die Biergärten bis heute einen besonderen Status genießen, was den Lärmschutz angeht. Sie stehen quasi unter Naturschutz und dürfen ihren Gästen fast alles erlauben, solange keine weiß-blauen Fahnen verbrannt werden. Manchmal könnte man dieses Bundesland fast mögen.

Grund 35

Weil es gefeiert werden kann

Die Menschheit liebt es, Tagen eine gewisse Bedeutung zukommen zu lassen. Sonst würde es wahrscheinlich auch viel zu langweilig werden. So gibt es den Weltkuscheltag (21. Januar), den Welttag der Feuchtgebiete (nein, nicht die von Charlotte Roche, 2. Februar), den Pi-Tag (für Freunde der Zahl Pi, am 14. März, wobei sich die 3,14159blablabla den Feiertag mit dem Staudamm teilen muss) oder den Internationalen T-Shirt-Tag (21. Juni). Logisch, dass das Bier, von dem allein in Europa pro Jahr immerhin geschätzte 350 Millionen Hektoliter getrunken werden, auch einen eigenen Tag brau(ch)t. Eigentlich hätte es eine ganze Woche werden sollen, aber da es schon so viele andere Anlässe gibt, um dem Bier zu huldigen (Schützenfeste, Fußballspiele, Wahl des neuen Ersten Vorsitzenden des Kleingartenvereins etc.), entschied sich der Deutsche Brauer-Bund schließlich für den 23. April. Wer dem Deutschen Brauer-Bund die Macht verliehen hat, einfach bundesdeutsche Feiertage in den Kalender zu malen, ist leider nicht bekannt.

Der 23. April wurde natürlich nicht zufällig gewählt. An diesem Tage im Jahr 1516 trat die bairische Landesordnung in Kraft, auf die sich viele, die das Reinheitsgebot schneller zitieren können als ihren Namen sagen, berufen. Das ist natürlich Quatsch, denn es gibt wie bereits geschildert deutlich ältere Gesetze und Verordnungen, die sich mit diesem ernsthaften Thema beschäftigen. Aber es geht hier schließlich um Folklore, also sind geschichtliche Fakten nebensächlich.

Und was passiert nun am Tag des Bieres? Nun, in erster Linie schreibt an diesem Datum jede zweite Pappnase in ihr persönliches Profil ihres sozialen Netzwerkanbieters, dass heute ein toller Tag wäre, um ein paar Bier zu trinken. Man möchte bei jeder dieser

Nachrichten, die von morgens bis abends im Sekundentakt aufpoppen, laut Applaus klatschen, aber leider hören sie es ja nicht. Und als ob das noch nicht Partyspaß genug wäre, setzen die »Brauer mit Leib und Seele« (eine Kooperation zehn kleiner Brauereien in Süddeutschland) an diesem Tag einen ganz besonders feinen Sud an. Das »Jahrgangsbier 23.04.« ist selbstverständlich handgebraut und mit einer Seriennummer versehen (für Sammler von Jahrgangsbierflaschen, wahrscheinlich). Leider kommt es erst Ende August auf den Markt, also ein paar Monate zu spät für die Feierlichkeiten. Aber so wichtig ist das wahrscheinlich auch nicht.

Überraschenderweise gibt es auch einen Internationalen Tag des Bieres, der grundsätzlich am ersten Freitag im Monat August gefeiert wird und an dem Deutsche auch teilnehmen dürfen. Obwohl die ihr Pensum eigentlich ja schon im April verfeuert haben. Laut einem großen Internet-Nachschlagewerk wird an diesem Tag »weltweit das Getränk Bier gefeiert und getrunken.«[6] Na, schau an. Doch der Sinn und Zweck der Veranstaltung reicht noch tiefer. Denn an diesem Tag sollen sich Freunde treffen, um sich gemeinsam zu betrinken, alle in der Bierindustrie tätigen Menschen mögen hochleben und die Welt soll durch den Genuss von möglichst vielen verschiedenen internationalen Bieren zusammenwachsen. Da könnten einem doch glatt die Tränen kommen, so schön ist das.

Die Homepage www.internationalbeerday.com verkündete stolz über 400 Veranstaltungen weltweit für das Jahr 2013. Aber mal unter uns: 400 Orte, an denen Menschen zusammenstehen und dem Bier huldigen. Schafft das allein der Ruhrpott nicht an jedem verdammten Dienstagvormittag? Manche Feiertage sind so überflüssig wie Glühbier.

Grund 36

Weil es Pyramiden und Sterne bildete

Wer in einem überfüllten Bahnhof oder in einer durchschnittlichen deutschen Innenstadt am letzten Wochenende vor Weihnachten mal ein bisschen Aufmerksamkeit erregen möchte, hat nur zwei Möglichkeiten: Entweder man fragt laut, wem dieser herrenlose, tickende Rucksack gehört. Oder man brüllt »Freibier!«. Es scheint in den Genen der meisten Menschen angelegt zu sein, gerade auf den letzten Ausruf mit besonderer Intensität zu reagieren. Und das ist verwunderlich, denn gerade hierzulande ist Bier kein Luxusgut. Würde jemand »Freigold« oder »Freihaus mit Gartengrundstück und Doppelgarage« brüllen, okay. Aber Bier kann sich eigentlich jeder leisten. Und wo wir gerade beim Thema sind. Warum gibt es eigentlich keinen »Freiwein« oder »Freischnaps«?

Fakt ist jedenfalls, dass bereits in grauer Vorzeit Freibier ausgeschenkt wurde. Ob Babylon oder Ägypten, die Historiker haben in diversen Hochkulturen Belege dafür gefunden, dass mit Speck Mäuse und mit Freibier Arbeiter zu fangen sind. Wer sechs Monate am Stück und ohne Frühstückspause an einer Pyramide schuftete, hatte sich sein Bier allerdings auch redlich verdient. Oder war eh längst tot. Laut Wikipedia verhinderte der verschenkte Hopfentee ein paar Jahre nach den Ägyptern anno 1848 nach Christus gar einen bayrischen Volksaufstand. König Ludwig I. (der Sohn vom Biergarten-Joseph und der Opa vom Märchenkönig) hatte zwar 38 Jahre zuvor das Oktoberfest erfunden, war in der Gunst seines Volkes aber stetig gesunken, da er seine anfangs liberale Politik aus Angst vor einem Umsturz in ziemlich reaktionäres Gehabe wandelte und die Rechte der einfachen Leute immer weiter beschnitt. Als sich Seine Majestät im Alter von 60 Jahren auch noch eine teure Affäre mit einer 28-jährigen irischen »Tänzerin« und Hochstaplerin gönnte, war das Maß (höhö) voll. Die Untertanen stürmten unter Hohngesängen seine Residenz, beziehungsweise waren gerade dabei, als Ludwig seinen Bruder Karl rufen ließ. Der versprach der aufgebrachten Menge Freibier und die eine oder andere Reform. Und schon ließ sich der Mob beruhigen und brachte sogar die zuvor gestohlenen Waffen zurück. Die bürgerliche Revolution ließ sich so zwar nicht mehr stoppen. Aber Ludwig I. lebte noch rund zwei Jahrzehnte lustig weiter, anstatt im Hof seiner eigenen Residenz aufgeknüpft zu werden. Und dafür kann man schon mal ein paar Liter Bier springen lassen.

Unser heute bekanntes Freibier soll sich allerdings aus dem sogenannten Haustrunk der Brauereimitarbeiter entwickelt haben. Die erhielten, wie Angestellte von anderen Betrieben auch, zu ihrem Lohn ein gewisses Quantum von dem Erzeugnis, das sie selber herstellten. An sich eine feine Geschichte, denn du bist, was du trinkst. Oder fährst, denn die Automobilindustrie hat die Idee auf die Spitze getrieben. Sie bieten ihren Mitarbeitern besonders günstige Konditionen beim Kauf eines Vehikels an, das finanziell möglichst deutlich über den Möglichkeiten des Kollegen liegt. Der greift zu, fährt ab sofort gehobene Mittelklasse, rennt aber auch fünf Tage die Woche in eine Fabrik, um an dem Gefährt zu schrauben, das er selbst gekauft hat. Und das Geld, das er verdient, steckt er gleich wieder in sein Auto. Genial! Aber zurück zum Bier, beziehungsweise dem Haustrunk. Dieser musste dereinst vor Ort genossen werden, damit der feine Herr Mitarbeiter seine Freiliter nicht heimlich an den Schwager vertickte. Manche Brauereien nagelten dafür einfach einen unpersönlichen Hahn in die Wand, andere richteten an Kneipen erinnernde Sitzecken ein. Beide Orte wurden »Stern« genannt, nach dem Zunftzeichen der Brauer, einem Hexagramm. Wer genau hinschaut, wird dieses Zeichen noch auf dem einen oder anderen Bieretikett oder an Gaststätten finden. Zu diesem Stern taperte der Mitarbeiter mit seinem Glas in der Hand und konnte so lange Bierchen zapfen, bis sein Kontingent aufgebraucht war oder er umfiel. Natürlich alles in der Dienstzeit. Ob es für besonders durstige Gesellen auch eine Art Dispokredit in Sachen Bier gab, ist nicht bekannt. Aber irgendwann kamen irgendwelche Miesepeter auf die Idee, Alkohol am Arbeitsplatz generell zu verbieten, weil vielleicht mal jemand in eine Maschine gefallen war oder so. Das machte dem Stern den Garaus. Fortan wurde und wird das Bier flaschen- oder fässerweise (je nach Status und Betriebszugehörigkeit) an die Mitarbeiter übergeben. Um den Schwarzhandel zu unterbinden, sind diese Flaschen besonders gekennzeichnet. »Kein Weiterverkauf«, »Unverkäufliches Muster« oder »Vorsicht, Katzenpisse!« ist auf den einfachen Etiketten zu lesen.

Heute wird Freibier neben dem Haustrunk in erster Linie zu Werbemaßnahmen in den Mob gepumpt. Schützenaufmarsch Klein Kleckersdorf, Sportfest der Grundschule Harald Juhnke, Jahrestreffen der Anonymen Alkoholiker in Bierum am Dollart. Nimm hin, ist umsonst! Manchmal wird das Freigetränk aber auch genutzt, um sich für etwas zu entschuldigen. Der Verfasser dieser Zeilen war vor einigen Jahren bei einem Heavy-Metal-Festival zugegen, das die Band Manowar ausrichtete. Weil sich besagte Combo mit einigen ihrer Vorgruppen in die langen Haare bekam und diese kurzerhand vom Billing entfernte, musste sie sich für die Fans, die ja für diese Bands mitbezahlt hatten, etwas einfallen lassen. Heavy Metal? Open Air? Bier, na klar! Der Bassist rief also kurzerhand eine Viertelstunde Freibier aus, gültig ab sofort. Ich werde nie vergessen, wie die Thekenkräfte die plötzlich vor ihnen auftauchenden 5.000 durstigen Kuttenträger anstarrten wie weiland Hannibals Gegner dessen Kampfelefanten. Freibier kann auch anstrengend sein.

Grund 37

Weil mit ihm dem Salamander gehuldigt wird

Eines der geheimnisvollsten Trinkrituale ist der Salamander, beliebt vor allem bei Studentenverbindungen. Dazu wird sich gegenseitig zugeprostet, das Glas (in der Regel Bier) zu den Worten *ad exercitium salamandri* mit einem Zug geleert und dann wild auf dem Tisch herumgeklappert. Manche fangen auch an, ihr Glas zu reiben oder es auf den Tisch zu knallen und dabei weitere wilde Formeln zu brüllen. Es gibt auch spezielle Salamander, zu Festen oder Trauerfeiern, je nach Verbindung und Land unterschiedlich.

Dass Studentenverbindungen seltsame Bräuche haben, die kein Außenstehender versteht (und auch nicht verstehen möchte), ist unbestritten. Warum dieses Ritual allerdings Salamander heißt, wäre doch mal interessant zu erfahren. Natürlich versucht uns das Netz, auf eine falsche Spur zu locken, indem es den Salamander zur mystischen Figur verklärt, die im Element Feuer lebt, selbiges verlöschen lassen kann und überhaupt unglaubliche Fähigkeiten besitzen soll. Er steht für Zerstörung und Wiedergeburt und hat zu allem Übel auch noch was mit dem Stein der Weisen am Hut. Vielleicht hat er ihn am Ende selbst gelegt? Solch Theorien fantasierte sich zumindest der im 16. Jahrhundert lebende Mystiker Paracelsus zusammen. Dabei wissen alle, die schon mal im Mittelmeerraum Urlaub gemacht haben, dass der Salamander ein ganz gewöhnlicher Lurch ist, der sich in der Mittagshitze an Häuserwände klebt und sinnlos vor sich hin vegetiert. Okay, er kann seine Extremitäten nachwachsen lassen, dass ist schon irgendwie cool. Aber mehr steckt nicht dahinter.

Ob sich der Salamander wirklich aus der mystischen Figur oder dem Tier ableitet, an den Namen der spanischen Universität von Salamanca erinnert oder, ganz profan, auf den Ausspruch »Sauft alle miteinander« zurückgeht (wobei das mit den Buchstaben nicht so ganz hinkommt), ist letztlich auch egal. Solange das Vieh von meinem Bier wegbleibt oder nach dem Genuss von zu viel von ebenjenem nicht plötzlich als Wahnvorstellung auftaucht. Aber das sollen ja meistens Leguane sein.

Grund 38

Weil es spanische Gentlemen nervös macht

Als Pep Guardiola 2013 als Chefcoach beim FC Bayern München unterschrieb, soll er sich schon sehr früh verbeten haben, im Falle einer möglichen Meisterschaft (die dann im Sommer 2014 ja auch eintrat) mit Bier abgeduscht zu werden. Dabei lungern zu diesem Ereignis doch regelmäßig ganze Horden von Fotografen an der Trainerbank herum. Und auch der spanische Gentleman kam nicht an der Tradition vorbei, er wurde von oben bis unten nass gemacht.

Jüngere Zuschauer mögen vielleicht glauben, dass es Fußball ohne Bierdusche gar nicht gegeben hat. Lasst euch vom Papa erzählen: Hat es doch, und zwar sehr lange. Die Legende besagt, dass ein Marketingexperte einer großen Brauerei den damals auch für Bayern München spielenden Mario Basler Ende der Neunzigerjahre dazu angestiftet haben soll, mit dem Verschütten von Grundnahrungsmitteln anzufangen. Basler, zu seiner Zeit als Enfant terrible bekannt, wäre auch der richtige Ansprechpartner für solche Dinge gewesen. Man erinnere sich nur an die legendäre »Pizzeria-Affäre« im Jahr 1999, als der damalige Spieler des FC Bayern München nach einigen Weizenbieren angeblich in eine Schlägerei verwickelt wurde. Oder die wunderbare (leider nie offiziell bestätigte) Anekdote, dass er nach seiner Auswechslung in der Nationalmannschaft den Co-Trainer gefragt haben soll, ob er mal schnell eine rauchen gehen dürfe. Während des laufendes Spiels. Ja, der Mario. Den hätte man als Marketing-Chef tatsächlich zuerst gefragt.

Aber seien wir mal ehrlich: Der Gag mit dem Bier hat sich seit Jahren abgenutzt. Wirklich davon profitieren können nur noch die Sponsoren. Die stellen bei Gefahr eines Titelgewinns mittlerweile Hostessen an den Spielfeldrand, jede mit einem 5-Liter-Humpen in den manikürten Händen, auf dem in Riesenbuchstaben das Logo der Brauerei prangt. Laaangweilig! Denkt euch doch mal was Neues aus! Es gibt doch so viele andere Sponsoren, die auch gerne mal im Mittelpunkt stehen würden. Nehmen wir als Beispiel Werder Bremen, die sich vom »Geflügelzüchter« Wiesenhof unterstützen lassen. So eine Tonne mit Schlachtabfällen über dem Kopf vom Trainer wäre doch auch mal lustig. Aber dafür müsste Bremen mal wieder einen Titel gewinnen. Und daran wird es wohl leider scheitern.

Grund 39

Weil es auch hoch auf dem gelben Wagen mundet

40 Tage nach Ostern ist es wieder so weit. Während der Heiland zu seinem Papa ins Wolkenkuckucksheim zurückkehrt, versuchen Väter (und solche, die es werden wollen) in Deutschland, sich den Himmel auf Erden zu erschaffen. Auf Kutschböcken sitzend oder mit Bollerwagen über die Straßen mäandernd, mit lustigen Hüten auf den Kopf und anzüglichen Liedern auf den Lippen. Und natürlich mit Bier, viel Bier im Gepäck.

Hierzulande wurde der Vatertag in seiner heutigen Form Ende des 19. Jahrhunderts in Berlin erfunden. Die Väter brauchten dringend einen Tag für sich, um auch mal etwas Sinnvolles zu tun. Also nahmen sie ein bisschen Verpflegung mit, gingen in die grünen Auen und diskutierten über Sport, die neueste Bartmode und ihre Frauen. Außerdem wurde bisweilen der eigene (männliche) Nachwuchs mitgeschleppt und in die Sitten und Gebräuche des Geschlechts eingeführt. Lautes Rülpsen, schlechte Witze erzählen und literweise Alkohol trinken will eben gelernt sein. Und wenn dann in Schlagdistanz noch eine ganze Schweineherde über dem Feuer brutzelt, kann eh nichts mehr schiefgehen.

Diesen Ansatz fanden andere Väter, die zufällig vorbeikamen, so gut, dass sie sich im nächsten Jahr anschlossen oder eigene Ausflüge organisierten. Und schon war ein Feiertag etabliert (beziehungsweise umfunktioniert). Sehr zum Unwillen der Kirchenoberen, die es natürlich lieber sehen, wenn die Schäfchen in der Messe sitzen würden, anstatt draußen ans Gebäude zu urinieren. Je weiter südlich man kommt, desto seltener werden die geschmückten Wagen, von denen Helene Fischer und Mickie Krause dröhnen. Schon in Baden-Württemberg und Bayern gibt es mehr brave Kirchgänger, noch weiter südlich wird der Tag ganz anders gefeiert.

In Österreich ist es zum Beispiel üblich, den Männern Blumen und andere Aufmerksamkeiten zu schenken. Wie niedlich! In der Schweiz existiert der Tag gar erst seit 2007 und ist politisch geprägt. Die Rechte von geschiedenen Vätern oder Alleinerziehenden sollen im Vordergrund stehen. Im katholisch geprägten Italien bleibt das Bierfass ebenfalls unangestochen, hier lärmt die Familie im Mittelpunkt. Die Kinder tragen Gedichte vor, Mama kocht Spaghetti. Im sozialistischen Kuba führte 1938 eine Frau den Vatertag ein, in Südkorea ist man völlig gleichberechtigt und feiert einen gemeinsamen Familientag. In den USA besitzt der Vatertag hingegen fast schon kultische Züge. Auch hier hatte eine Frau ihre Finger im Spiel, Sonora Smart Dodd wollte 1909 ihren alleinerziehenden Vater ehren (die Mutter war bei der Geburt gestorben), was das ganze Land irgendwie gut fand. Heute gibt es für den Erzeuger auch Blumen und Geschenke, viel wichtiger sind aber die gemeinsamen Ausflüge. Wenn Sohnematz reif ist, nimmt Papa ihn am dritten Junisonntag mit zum Angeln, zum Baseball oder kraxelt mit ihm in den Rocky

Mountains herum. Es ist so etwas wie eine rituelle Einführung in die Männlichkeit. Dass es dazu vielleicht auch ein Bierchen gibt, ist nicht völlig ausgeschlossen. Den hier ansässigen Brauereien dürfte die deutsche Variante trotzdem besser gefallen.

Grund 40

Weil es moussieren kann

Über viele Jahrhunderte galt Bier nicht nur als Getränk des Pöbels, sondern auch als geschmacklich ziemlich eindimensional. Sicher, ein Kölsch schmeckt anders als ein Weizenbier oder ein Pils. Aber innerhalb der verschiedenen Sorten, führten Gourmets gerne an, seien die Unterschiede marginal. Deshalb verdingten sich die Feinschmecker auch lieber beim Käse-, Whiskey-, Wein- oder Rum-Tasting. Doch seit einigen Jahren findet auch das Bier-Tasting immer größeren Zulauf. Das liegt einerseits daran, dass es mittlerweile viele kleine Privat- oder gar Heimbrauereien gibt, die mit viel Kreativität die Grenzen verschieben. Und zum anderen scheinen die Menschen auch immer mehr Zeit zu haben, die mehr oder minder sinnvoll gefüllt werden will.

So ein Bier-Tasting kann durchaus spannend sein, unser Deutscher Brauer-Bund e.V. hat sogar eine Art Religion daraus gemacht. Einfach fünf exotische Biere auf den Tisch und probieren, so einfach läuft es nicht. Zuerst sollte der Proband wissen, wo in seinem Mund und Gaumen die Rezeptoren für süß, sauer, salzig und bitter sitzen. Damit der Tester den Schluck des Testbieres auch in die richtigen Regionen gurgelt. Ist die Anatomiestudie abgeschlossen, empfiehlt der Deutsche Brauer-Bund e.V. eine umfangreiche Riech- und Schmeckanalyse. Also, erst mal Riechkolben ins Glas und kräftig geschnuppert. Na, erschnüffeln wir den Hallertauer Spezialhopfen?

Oder duftet es eher nach Hauptbahnhof-Essen, samstags kurz nach Mitternacht?

Bei der zweiten der genannten Disziplinen, dem Schmecken, wird wiederum in drei Unterkategorien unterschieden. So ist der Antrunk der Moment, in dem die zittrigen Lippen zum ersten Mal mit dem Stoff in Berührung kommen. Vollmundig? Ragt weit in den Hals hinein? Am Ende gar eine kreisförmige Aromaentfaltung mit Hang zu Eklipse? Hier ist echtes Profiwissen gefragt. Als Nächstes kommt die sogenannte Rezenz an die Reihe, also das Prickeln und die Frische eines Bieres. Das Prickeln? Ja, genau! Brausepulver dürfte demnach eine ziemlich hohe Rezenz aufweisen. Inwiefern das ein Qualitätsmerkmal ist, darf jeder für sich entscheiden. Dem Experten geht es hier um Säure- und pH-Gehalt des Getränks, der Amateur denkt eher an Waschmittel. Doch kaum ist die Rezenz ermittelt, geht es auch schon weiter, fast folgerichtig mit dem Nachtrunk. Nicht zu verwechseln mit dem Nachttrunk, den Papa sich nach einer ausgiebigen Kneipentour morgens um drei auf dem Sofa gönnt. Im Nachtrunk kommt die Bitterkeit noch einmal zum Tragen. Also schön langsam schlucken und bewusst ins eigene Ich reinschmecken!

Kommen wir schließlich zur Optik. Nein, nicht des getrunkenen Schlucks, der ist für immer verloren. Also frisches Bier in die Hand und Augen auf: Ist der Tischnachbar durch das Glas hindurch zu sehen? Oder verschwindet er im Nebel nicht definierbarer kleiner Teilchen? Welche Farbe hat das Bier? Geht es in die Richtung frische Urinprobe oder schreit der Glasinhalt doch eher nach einem Ölwechsel? Hält die Schaumkrone ein bisschen was aus (zur Not einfach mal gegenschnippen, aber Vorsicht mit den Sitznachbarn) oder fällt sie in sich zusammen wie weiland Napoleons Heer im belgischen Waterloo? Fragen über Fragen, die akribisch aufgearbeitet werden wollen.

Aber nicht nur die Tester, auch der Veranstalter des Bier-Tastings steht unter enormem Druck. Denn auch er (oder sie) muss einiges beachten: So ist es unabdingbar, eine komplett weiße Wand zur Verfügung zu stellen, damit die Probanden ihre gefüllten Gläser in Richtung selbige halten können, um den exakten Farbton zu bestimmen. Wenn es in der Butze nach Pommesfett und Katzenausscheidungen durftet, ist dies für den Geschmackstest hinderlich. Also, Fenster auf! Aber nicht, wenn sie neben einer Bratwurstbude oder einem Tierheim wohnen. Auch darf der Mundschenk kein aggressives Rasierwasser oder Parfüm aufgelegt haben. Sonst riecht das Pils von der Nordsee beim Test plötzlich wie ein orientalischer Puff, das verfälscht die Ergebnisse. Und nur um derentwillen setzt man sich der Prozedur ja aus. Am Ende steht fest, dass der hellgelb opalfarbene Bölkstoff mit einer cremigen Krone versehen ist, alkoholaromatisch duftet, schlank bis sortentypisch reinläuft, von der Rezenz her moussiert und nach hinten raus kräftig betont. Ist doch schön, wenn man beim Saufen noch was lernt.

Kapitel 5

Internationales

Grund 41

Weil es weltweit getrunken wird

Die Homepage de.globometer.com hat errechnet, dass auf der Erde in jedem Jahr durchschnittlich 177 Milliarden Liter Bier getrunken werden. Dies entspricht einem Verbrauchswert von über 5.600 Litern pro Sekunde. So schnell kann nicht mal ein trainierter Oktoberfestbesucher schlucken. Allein auf das Riesenreich Chinas entfallen 42 Milliarden Liter, auch in Vietnam oder Thailand wird Bier immer beliebter. In Europa sichert sich Russland mit zehn Milliarden Litern einen Spitzenplatz. Der Pro-Kopf-Verbrauch sieht jedoch seit vielen Jahren die Tschechische Republik unangefochten auf Platz eins, Österreich ergatterte sich 2013 mal wieder den zweiten Platz, bevor die angebliche Biernation Deutschland auf Platz drei eintrudelt. Hierzulande werden pro Jahr und Kopf rund 107 Liter Bier vertilgt, im Land von Sissi und Mozart sind es zwischen 108 und 109 Liter, während in der Tschechischen Republik stattliche 145 und 148 Liter (je nach Quelle) durstige Hälse hinabplätschern. Deutschland würde noch schlechter dastehen, wenn es nicht die Bundesländer Bayern, Niedersachsen/Bremen und Nordrhein-Westfalen geben würde. Hier sind die treuesten Anhänger von Gerste und Hopfen zu finden, während vor allem in Sachsen-Anhalt und Hessen geschwächelt wird. Kein Wunder, finden sich hier doch besondere Leckereien wie der Rotkäppchensekt oder der Apfelwein. Wobei in Sachsen-Anhalt auch die älteste Biermarke der Welt existierte: Garley. Bereits seit 1314 existiert der Name in Gardelegen, bis zum Jahr 2013 wurde gebraut. Zar Peter der Große und Friedrich Wilhelm I. sollen zu den Fans gehört haben. Schade um so eine Ikone des deutschen Braugewerbes. Aber die Zeichen stehen gut, dass Garley irgendwann wieder auftauchen wird.

Die USA gelten gemeinhin ebenfalls als Biernation und haben nach China die meisten Brauereien überhaupt. Im Verbrauch schaffen sie es allerdings noch nicht mal in die weltweiten Top Ten, die mit Ausnahme Australiens ausschließlich von Europäern dominiert wird. Maue 72 Liter Bier konsumiert der durchschnittliche Ami pro Jahr, vor allem die dortige Jugend wendet sich merklich vom Gerstensaft ab und eher dem Schnaps und Wein zu.[7] Vielleicht, weil es cooler aussieht, vielleicht, weil der Rausch schneller kommt. Man hat heutzutage ja einfach keine Zeit mehr. Auch nicht in Afrika, wo sich in den letzten Jahren ein regelrechter Brauerei- und Bierboom entwickelte, und das sich in Sachen Ausstoß-Wachstum sogar weltweit an die Spitze setzen konnte.[8] Doch Vorsicht, liebe Biertouristen: Qualität und Herstellung variieren von Landstrich zu Landstrich, von Stamm zu Stamm. Das traditionelle afrikanische Bier wird auf Hirsebasis hergestellt und enthält gerne Zutaten wie Honig oder Ingwer. In manchen Regionen wird zudem jedes alkoholhaltige Getränk »beer« genannt. Vor der Bestellung also lieber noch mal nachfragen.

Erstaunlich ist zudem, dass von den fünf größten Brauereien dieser Welt, die sich die Hälfte des weltweiten Ausstoßes teilen, nicht eine aus Deutschland stammt. Einzig die Radeberger Brauerei, die zum Oetker-Konzern gehört, schafft es mit Ach und Krach in die Top 20. Deutschland braut trotz seiner großen Tradition sowieso nur etwas mehr als zwei Prozent des weltweiten Bieres. Da passt es auch ins Bild, dass unter den zehn meistverkauften Biermarken der Welt neben bekannten Vertretern (Budweiser USA, Corona, Heineken) zwar Exoten wie Skol (Brasilien) oder Yanjing Beer (China) wiederfinden, aber wiederum kein einheimisches Produkt. Dafür gehen viele der weltweit großen Biere und Brauereien auf Deutsche oder deutsche Einwanderer zurück. Da hat jemand die Entwicklung von der kleinen gemütlichen Brauerei zum global agierenden Monsterunternehmen verschlafen. Machen wir drei Kreuze, dass dem so ist. Denn wie immer gilt: Qualität vor Quantität.

Grund 42

Weil es einen deutschen Jazzpianisten Lügen straft

Wir schreiben das Jahr 1963, und der deutsche Jazzpianist Paul Kuhn steckt in der Klemme. Eigentlich würde er gerne sein Liebchen heiraten, die möchte aber unbedingt auf Hawaii flittern, was Kuhn so gar nicht gefällt. Denn neben den unangenehmen Temperaturen hat die Inselkette im Pazifischen Ozean noch ein großes Problem: Hier gibt es kein Bier.

Das Stück *Es gibt kein Bier auf Hawaii* gehört wohl zu den bekanntesten Stimmungsliedern dieses Landes. Was das über das Land aussagt, ist wieder eine andere Geschichte. Paul Kuhn machte finanziell jedenfalls einen ordentlichen Schnitt mit dem Hit, aber seitdem hält sich auch verlässlich das Gerücht, es würde auf Hawaii wirklich kein Bier geben. Und das ist natürlich Unfug.

Eine der größten Brauereien des Staates ist die Mehana Brewing Company, die gleich eine ganze Palette an unterschiedlichen Bieren im Sortiment hat. Von Pale Ales über helle Biere bis hin zum Porter gibt es unter tropischer Sonne alles, was das Herz begehrt. Daneben ist auch die Kona Brewing Company recht bekannt, sie hat mit dem Longboard Island Lager das perfekte Bier für alle Surfer im Angebot. Aber auch das Fire Rock Pale Ale ist Anhängern des streng gehopften Getränks nicht unbekannt, vor allem in den USA hat es viele Freunde.

Insgesamt gibt es acht oder neun aktive Brauereien auf den verschiedenen Inseln, die alle nachweislich Bier brauen. Allerdings sind viele dieser Brauereien erst in den letzten 20 Jahren gegründet worden oder haben zumindest ihr Sortiment beträchtlich erweitert, womit Paulchen, der seit 2013 wieder gemeinsam mit Harald Juhnke die Bars im Nirwana unsicher macht, nicht völlig falsch lag. Ihm wird's egal sein. Und Hawaii mit ziemlicher Sicherheit auch.

Grund 43

Weil es fast mal ein Tee war

Nordamerikaner haben ja einen sehr eigenen Sinn für Humor. Wer jemals in seinem Leben ein Wurzelbier (Root Beer) gekostet hat, wird dem zustimmen müssen. 1876 vom Quäker und überzeugten Abstinenzler Charles Hires erfunden, sollte das sehr eigen schmeckende Gebräu erst Wurzeltee heißen. Aber da Hires als Zielgruppe für sein Getränk vor allem Männer aus der Arbeiterklasse im Blick hatte, wurde aus dem Tee ein Bier. Sonst wäre er auf dem Zeug wahrscheinlich sitzen geblieben. Wobei ein Tee mit Kohlensäure mal was Neues gewesen wäre.

Das Originalrezept enthielt zudem die Wurzelrinde des in Nordamerika weit verbreiteten Sassafrasbaums, die wiederum hohe Mengen an Sassafrasöl und damit Safrol enthält. Safrol hat einen leicht anisartigen Geschmack und ist einer der Grundstoffe für Ecstasy, deshalb ist der Handel mit diesem Zeug in der EU verboten. Außerdem steht es im Verdacht, hochgradig krebserregend zu sein. Ob das im Sinne des Erfinders war? Höchstwahrscheinlich nicht. Manche Hersteller von Root Beer verwenden bis heute die Wurzelrinde, die meisten Root-Biere enthalten mittlerweile aber nur noch künstliches Sassafras-Aroma.

Im Laufe der Jahrzehnte wurden dem Getränk, das in Deutschland manchmal als Kräuterbier bezeichnet wird, die unmöglichsten Zutaten beigegeben. Ob Vanilleschoten, Lakritze (das Zeug ist ja noch nicht süß genug) oder Blätter und Früchte der Niederen Scheinbeere (die in höherer Dosis für den Menschen tödlich wirken können) – immer rein damit. In manchen Ecken der USA ist ein Nachtisch sehr beliebt, der den Namen »Root Beer Float« trägt. Wer es nachmachen möchte: Glas zu Dreiviertel mit Root Beer füllen, eine Kugel Vanilleeis rein, dann langsam mit Root Beer auffüllen und servieren. Ich weiß, es ist kaum möglich, dieses Dessert zu zaubern, ohne nicht mindestens fünf Jahre bei den besten Pariser Zuckerbäckern in die Lehre gegangen zu sein. Aber nur Mut, im Internet findet sich sogar ein mehrteiliger Videoclip, der genau zeigt, wie es geht. Was für eine wundervolle Welt.

Grund 44

Weil es Länder und mutige Wetter reich macht

Wer an Skandinavien denkt, denkt an endlose Weiten, helle Sommer und dunkle Winter, blonde Menschen, rote Holzhütten, frischen Fisch und vielleicht noch Pippi Langstrumpf. Vergessen möchte man hingegen die Rechnung von der Hotelbar. Egal ob Norwegen, Finnland oder Schweden, neun Euro für den halben Liter Bier werden da schon gerne mal aufgerufen. Deshalb hämmern sich die Eingeborenen auch gerne den schwarz gebrannten Schnaps (Moonshine) in die Murmel, bevor sie zur freitäglichen Discosause starten. Wenn die Türen des Klubs um 21 Uhr aufgehen, liegt die Hälfte der Gäste schon vor der Tür und träumt von der nächsten Vierschanzentournee.

Über Sinn und Unsinn dieser Steuer ist schon viel geschrieben worden. Manche Untersuchungen wollen belegen, dass die Zahl der Unfalltoten und Opfer der häuslichen Gewalt bei Senkung der Steuer rapide steigen würde, andere behaupten das genaue Gegenteil. Je nachdem, wer die Studie in Auftrag gegeben (also bezahlt) hat. Ihren Ursprung hat die ungewöhnlich hohe Steuer jedenfalls im 19. Jahrhundert, als die Abstinenzlerbewegung erst die USA und England und schließlich Skandinavien erfasste. In Schweden war es Anfang des 20. Jahrhunderts zweimal fast so weit, dass Alkohol generell verboten worden wäre. Aber der Arzt Ivan Bratt (1878–1956) hatte eine großartige Idee für einen Kompromiss: Er schlug vor, den Verkauf und Vertrieb (später auch die Herstellung) von Alkohol unter ein staatliches Monopol zu stellen. Die Gewinne würden dann an das Land gehen, mithilfe von Steuern könnte die Regierung den Markt regulieren. Ganz schön clever, der Ivan, denn er hatte wenige Jahre zuvor diverse Destillen, Brauereien und Geschäfte aufgekauft, die der Staat nun von ihm kaufen konnte. Alles zum Wohl der Bevölkerung und des ausgeglichenen Haushaltes natürlich. Ab 1917 war Alkohol in Schweden rationiert, jeder Bürger über 25 Jahren (und ohne Trunkenheitsauffälligkeiten in seiner Akte) konnte sich nun ein kleines Heftchen besorgen, mit dem er brav zur Ausgabestelle marschierte und sich so bis zu drei Liter Schnaps kaufen konnte. Mehr allerdings nicht. Die Rationierung wurde bis 1955 aufrechterhalten, dann wollte man mal schauen, ob die lieben Mitbürger etwas gelernt haben. Direkt nach der Aufhebung der Rationierung stürmten die Schweden die Läden und hauten sich die Hucke voll, dass es qualmte. Also reagierte der Staat erneut, dieses Mal wurde die Anzahl der Läden, in denen es Alkohol zu kaufen gab, drastisch reduziert. Das Ergebnis: Vor den Geschäften (Systembolaget), die optisch bis heute gerne mal an den Hochsicherheitstrakt eines Gefängnisses erinnern, bildeten sich Schlangen wie im Wartezimmer des Hausarztes bei einer Grippewelle. So kann man den Leuten den Spaß am Suff natürlich auch vermiesen.

Seit Einführung der EU, des Internets und anderer satanischer Dinge bröckelt das Alkoholmonopol der Skandinavier, aber es fällt (noch) nicht. Zwar kann der Schwede, um bei diesem Beispiel zu bleiben, mittlerweile übers Netz alkoholische Getränke aus aller Herren Länder ordern. Aber die müssen verzollt werden und sind damit wieder genauso teuer wie im Land selbst. Ätsch!

Aber es gibt ja noch die Reisefreiheit. Wer seinen Kadaver außer Landes schafft, kann günstiger trinken. Und das sorgt in Städten wie Rostock oder dem estnischen Tallinn, wo die Fähren aus dem noch höheren Norden anlegen, für massive Begeisterung. Zumindest unter denjenigen, die Alkohol verkaufen. Zufällig vorbeikommende Passanten oder Einheimische können sich das Lachen meist verkneifen.

Wer trotzdem seinen Spaß mit den Gästen haben möchte, sollte »skandinavisches Pferderennen« spielen. Und das geht so: Sich mit einem leckeren Bierchen bewaffnen und mit ein paar Freunden an den Landungsbrücken positionieren. Warten, bis eine Fähre samt ihrer rotzevollen Fracht anlegt und die Planke zwecks Ausstieg aufs Pflaster knallt. Schon drängen sich die Teilnehmer schwankend am Ausgang, vorzugsweise mit versauten Liedchen auf den Lippen. Nun heißt es fix einen Favoriten wählen und die Wetten platzieren. Denn in den nächsten Sekunden werden die vorzugsweise männlichen Rennpferdchen alle gemeinsam an Land stürmen wollen, um Bier in Mengen zu kaufen, die in ihren Heimatländern den Gegenwert eines Monatseinkommens haben. Dieses Vorhaben wird von der physikalischen Unmöglichkeit torpediert, dass 200 Betrunkene gleichzeitig eine kleine Planke heruntermarschieren können, weshalb sie fallen, purzeln und kullern. Der, dessen Kandidat zuerst vor den Füßen des Wettpersonals landet, hat gewonnen. Platzwunden geben Extrapunkte. Aber keine Angst, liebe Tierschützer, das merken die Pferdchen gar nicht. Sie springen auf und galoppieren enthusiastisch Richtung Supermarkt-Paradies, um sich einzudecken. Na ja, wenigstens springt für uns Mitteleuropäer so wenigstens noch eine nette Freizeitbeschäftigung heraus.

Grund 45

Weil es verteidigt wird

Hinter den Buchstaben CAMRA verbirgt sich kein neuer Geheimdienst oder ein Automobilklub, sondern die *Campaign for Real*

Ale. Dieser Interessenverband hat es sich seit 1971 zur Aufgabe gemacht, die Menschheit über traditionelle Brauweisen, nach alten Rezepten hergestellte Biere und die Pub-Kultur in Großbritannien aufzuklären. Biere, die mit Aromazusatzstoffen, mit Konservierungsmitteln oder mit Kohlensäure versetzt sind (beziehungsweise mit solcher gezapft werden) oder pasteurisiert sind, gehören nicht zu den »good beers«. Zu den schützenswerten Getränken gehören nach Meinung der Organisatoren zudem Cider (streng genommen eigentlich ein Apfelschaumwein) und Perries (eine besondere Abart des Cider, in bestimmten Regionen in England, Frankreich und Wales beliebt), weil diese eine ähnlich lange Tradition besitzen wie Bier.

Wie in vielen Ländern geht auch im Land der bekanntesten Königin die Trinkkultur den Bach runter. Immer mehr chemisch behandelte Biere erobern den Markt, lokale Brauereien verschwinden oder werden von Mega-Unternehmen geschluckt. Für Großbritannien besonders schlimm, ist man doch fast nirgendwo so stolz auf seine Pubs, in denen ab dem frühen Nachmittag Menschen vor schaumlosen Bieren und einem Teller mit Backfisch und Tiefkühlerbsen sitzen und die mit zahllosen Werbeschildchen zutapezierten Wände anstarren, während aus dem Radio Elton John mit *Candle In The Wind* tönt. Um dieses Weltkulturerbe zu bewahren, wurde also die CAMRA gegründet. Mittlerweile sollen sich ihr mehr als 150.000 Fans angeschlossen haben, darunter auch der ehemalige britische Justizminister und Lordkanzler Kenneth Clarke. Doch es gibt nicht nur Anhänger in Großbritannien, sondern auch in Deutschland, Kenia, Belgien, Dänemark oder Argentinien. Der Verband veröffentlicht eigene Zeitungen, Magazine und Ratgeber (*Good Beer Guide*), in der qualitativ hochwertige Produkte vorgestellt, Pub-Empfehlungen ausgesprochen und traditionelle Sichtweisen erläutert werden. Für Puristen und Anhänger der reinen Lehre ist ein Eintritt eigentlich absolute Pflicht!

Grund 46

Weil es Geld und Friedenspfeife sein kann

Am Westufer des Viktoriasees, da ist was los. Familie Flusspferd sonnt sich in der Mittagshitze, während im Wasser selbst mehr als 550 verschiedene Fischarten versuchen, sich nicht gegenseitig über den Haufen zu schwimmen. Da staunt der Tourist in seinen knallbunten Shorts und macht gleicht noch ein Foto, um es bei facebook zu posten. Die einheimischen Bauern schwitzen derweil bei der Bananenernte, die Spezialität der Region. Die gelben Früchte sind allerdings nicht alle genießbar, die besonders großen Exemplare mit dicker Schale werden aussortiert, um daraus ein Bier mit dem Namen Pombe zu brauen. So heißt dieser Sud zumindest in Ostafrika. Wobei Vorsicht geboten ist, denn es gibt auch ein breiartiges Bananengetränk ohne Alkohol, sowie reines Hirsebier, die den gleichen Namen tragen.

Zurück zum Bananenbier: Zuerst werden die geschälten Bananen in einen Holztrog geworfen und mit bloßen Füßen zerstampft oder mit den Händen zerpresst. Anschließend wird Wasser und ein wenig Straußgras hinzugegeben. Durch ein Sieb geben, gemahlene und geröstete Hirse sowie Hefe beimengen, gären lassen, fertig. Das Endergebnis weist einen Alkoholgehalt von circa 2,5 Prozent auf. Es gibt aber auch Varianten mit weniger oder mehr Umdrehungen (bis maximal sechs Prozent).

Je nach Rezeptur, weiteren Zusatzstoffen und verwendeten Bananen kann dieses Getränk würzig oder süßlich schmecken. In gewissen Regionen Afrikas ist das Bier, aus dem man auch den Schnaps Gongo (schmeckt bestimmt, wie er klingt) destillieren kann, sehr beliebt. Und zwar nicht nur als Getränk, sondern sogar als Zahlungsmittel (zum Beispiel als Mitgift bei einer Heirat), als kleines Geschenk unter Freunden für einen Gefallen und als flüssige Friedenspfeife bei Streitigkeiten im Dorf. Sätze wie »Okay, ich habe deine Hütte angezündet, lass uns ein Bananenbier trinken, dann ist alles wieder gut« soll man häufiger in der Region hören.

Die deutschen Kolonialherren, die Ende des 19. Jahrhunderts in der Gegend unterwegs waren, schienen mehrheitlich positiv überrascht von dem Bananenbier zu sein. In Briefen an die Heimat wurde es mehrfach lobend erwähnt. Der Versuch, das Gebräu in die Heimat zu schicken, misslang allerdings. Nach fünf Wochen auf dem Schiff schmeckte Pombe nicht mehr besonders lecker. Aber dafür konnten Wissenschaftler aus einer der Proben erstmals eine Spalthefe in Reinform gewinnen. So nützte die Verschickung von regionalen Spezialitäten am Ende wenigstens der Forschung.

Grund 47

Weil es der Schweiz, Tschechien und der Slowakei klare Grenzen setzt

Der wanderfrohe Zeitgenosse wird es kennen, das beschauliche Land der Eidgenossen, südlich von Deutschland. Hier gibt es fast alles. Hohe Berge, tiefe Täler, Skiorte für Promis, Kühe, leckere Schokolade, noch mehr Kühe, einige lustige Dialekte und eine Rechtssprechung, die Rasern ihre Luxusautos unter dem Hintern weg versteigert. Eine Sache haben die Schweizer aber nicht: Pilsner Bier! Denn das heißt bei unseren stets neutralen Freunden »Spezialbier«. Aber warum?

Weil die Schweizer freundliche Menschen sind. Zumindest, wenn man ihre Kühe in Ruhe lässt, keine Moscheen baut und ihnen nicht die Arbeitsplätze wegnimmt. 1973 schlossen die Eidgenossen gar einen Vertrag mit der damals noch Tschechoslowakischen Sozialistischen Republik, um sich gegenseitig zu versichern, dass man die Spezialitäten des anderen Landes respektieren und nicht kopieren werde. Oder um es im Amtsdeutsch auszudrücken: Es ist ein Abkommen »über den Schutz von Herkunftsangaben, Ursprungsbezeichnungen und anderen geographischen Bezeichnungen«.[9] Wie ausgerechnet diese beiden Länder darauf kommen, dass sie sich gegenseitig schützen müssen, ist nicht bekannt. So ein Papier zwischen China und Deutschland wäre da schon deutlich interessanter …

Egal, das Gesetz trat am 14. Januar 1976 in Kraft, seitdem gibt es in der Schweiz nur das Original, das importierte Pilsner Urquell, und ansonsten halt Spezialbiere, die faktisch aber auch Bier Pilsner Brauart sein können. Im Gegenzug darf ein in Tschechien oder Slowakei hergestellter Käse nicht Appenzeller oder Emmentaler heißen, sondern meinetwegen »Prag unterm Arm« oder »Kafka könnte auch mal wieder lüften«. Schön, dass das mal geregelt wurde. Man mag sich gar nicht vorstellen, wie die Welt ohne diesen Vertrag aussehen würde. Sodom und Gomorrha!

Grund 48

Weil es Gerichtsdienern Arbeit gibt

Wenn sich zwei Firmen wegen eines Markennamens vor Gericht streiten, dann kann sich das schon mal ziehen. Also, zeitlich gesehen. Gerne auch über Jahrhunderte, wie im Fall der tschechischen Brauerei Budějovický Budvar n.p. und der US-amerikanischen Anheuser-Busch-Gruppe. Ein Gerichtsdrama in 14.000 Akten. Oder so ähnlich.

Bereits im Jahr 1895 ging die Auseinandersetzung los, mit der Gründung der Budějovický Budvar Brauerei. Die starteten ihr Unternehmen in der selbstverständlichen Annahme, sie dürfe ein

Bier auf den Markt bringen, das so heißt wie die Stadt, in der sie beheimatet ist: Budweiser. Das fand die Anheuser-Busch-Gruppe allerdings nicht so lustig, denn sie war seit 1883 im Besitz dieses Markennamens und vertrieb schon seit 1867 ein Bier unter ähnlicher, wenn auch nicht gleicher Bezeichnung. Deshalb machten die Amis die älteren Rechte geltend, was die Tschechen nicht lange auf sich sitzen ließen. Sie führten die südböhmische Stadt Budweis ins Rennen, die im 13. Jahrhundert gegründet wurde und bereits zwei Jahrhunderte vor der Irrfahrt eines gewissen Christopher Kolumbus diesen Namen trägt. Wem gehört also Budweis? Das riecht verdächtigt nach Unentschieden.

Und so entschieden es auch die Richter. Mehr oder weniger. Die Brauereien versuchten sich immer wieder auch außergerichtlich zu einigen. So übertrugen die Tschechen den Amis gegen Bares die Namensrechte für Nordamerika. Das war allerdings im frühen 20. Jahrhundert, wo noch niemand ahnen konnte, dass die Globalisierung eines Tages aus der Welt eine Dorfgastschenke machen würde. Außerdem forderten die Tschechen im Gegenzug, dass der Hopfen für die amerikanische Brühe aus ihrem Heimatland zu importieren sei, was die Kollegen aus Übersee allerdings komplett ignorierten und ihr eigenes Süpplein kochten. Also gab es wieder mal ein Date vor dem Richter. Die Amerikaner versuchten Jahre später, den europäischen Markt mit dem Namen »Bud« zu knacken, was wiederum Bitburger (»Bit«) nicht in den Kram passte. Ihre Beschwerde vor Gericht wurde allerdings abgewiesen, weshalb es heute noch »Bud« und »Bit« gibt.

So weit ein paar Beispiele dafür, wie zwei weltweit agierende Konzerne (und ein paar andere) ihre Rechtsanwälte richtig reich machen können, ohne selber auch nur ansatzweise davon zu profitieren. Nach momentanem Stand dürfen die Tschechen ihr Bier in der Heimat des Feindes (USA und Kanada) unter dem Namen »Czechvar«, nicht aber als Budweiser vertreiben. EU-weit dürfen wiederum die Tschechen ihren Stadtnamen als Biermarke nutzen

(Anheuser-Busch hatte das ebenfalls versucht, kam aber zu spät). Das heißt aber nicht, dass das auch wirklich in der ganzen EU beziehungsweise in ganz Europa so gehandhabt wird. In Deutschland und Österreich ist da, wo »Budweiser« draufsteht, tatsächlich tschechisches Bier drin. Die andere Seite firmiert unter Anheuser-Busch Bud. Die Tschechen versuchten ihrerseits wiederum, den Namen »Bud« für sich im Gebiet der EU schützen zu lassen, scheiterten allerdings, weil hier mal die Amis schneller waren. Die Schweizer haben sowieso ein ganz eigenes Abkommen mit Tschechien, während es in Großbritannien beide Marken unter dem gleichen Namen gibt. Das scheint die Inselbewohner allerdings wenig zu stören, denn Label, Preis und Bier unterscheiden sich dermaßen voneinander, dass ein durchschnittlich begabter Schimpanse den Unterschied erkennt. Und damit ist das Thema bei den Briten vom Tisch. Im Rest der Welt wahrscheinlich noch lange nicht, denn irgendwo sitzen sicher noch ein paar mittellose Anwälte, die dringend die eine oder andere Million gebrauchen können.

Grund 49

Weil es auch im Sozialismus funktioniert

Wer an Kuba denkt, denkt an Salsa, Zigarre rauchende Omas, Cuba Libre und vielleicht noch an den real existierenden Sozialismus und den nicht mehr ganz so fidelen Castro samt seiner Sippe. Aber Bier gehört irgendwie nicht dazu. Kuba besitzt auch keine besondere Brautradition; die bis heute größte Brauerei der Insel wurde 1988 mithilfe der Deutschen Demokratischen Republik installiert. Marken wie Bucanero oder Cristal, die unter anderem Namen zum Teil auch in Deutschland zu kaufen sind, werden von der weltweiten Biergemeinde tendenziell als ziemlich durchschnittliche Biere bezeichnet.

Umso erstaunlicher ist, dass unser aller liebstes Getränk auf der sonnigen Insel immer beliebter wird. Zum einen wird kräftig versucht, ausländisches Bier zu importieren (wenn denn genug Geld da ist), andererseits aber auch immer mehr gebraut. Der Hopfen wird aus Tschechien importiert, was im Jahr 2014 zu einer unangenehmen Situation führte, die im Sozialismus aber dazugehört: Mangel. Kuba ging im Sommer wortwörtlich das Bier aus, weil die Tschechen angeblich nicht rechtzeitig geliefert hätten. Die bestritten natürlich diesen Umstand und verwiesen auf offene Zahlungen, ungünstige Winde oder was einem sonst noch so einfällt. Gäste, die in den Jahren zuvor auf Kuba urlaubten, können allerdings glaubhaft versichern, dass es auch früher schon gewisse Versorgungslücken gegeben hatte.

Wie auch immer, sowohl die Einheimischen als auch die zahlreichen Touristen auf Kuba fanden das im heißen Sommer 2014 natürlich nicht so schön. Doch während die Touristen, die traditionell vor allem aus Europa und Kanada kommen, schon immer gerne Bier getrunken haben, ist es überraschend, dass auch immer mehr Einheimische nach und nach die Vorzüge des Getränks entdecken. Zum Beispiel kann man von Bier im Gegensatz zum Rum viel mehr trinken. Außerdem löscht es den Durst auch besser als das Nationalgetränk. So ein halber Liter Cuba Libre hat davon abgesehen einfach zu viele Kalorien. Und eine Cohiba schmeckt auch zum Pils. Deshalb plant die Führung jetzt, weitere Braustätten zu eröffnen, sofern sich dafür noch ein Plätzchen im Fünfjahresplan findet. Zur Not werden halt weniger Kartoffeln geerntet oder Fisch gefangen. Irgendwo müssen die neuen Braumeister ja herkommen. Na dann, Brüder und Schwestern: »Tragt mutig voran die (Bier)Fahne rot!«

Grund 50

Weil es böse Geister vertreibt

Der Sudan im Herzen Afrikas gehört jetzt nicht unbedingt zu den Ländern, in denen man ausgefallene Biersorten erwarten würde. Oder überhaupt Bier. Aber tatsächlich besitzt das Land eine Spezialität, die der Erwähnung wert ist: Merisa.

Das Bier wird, ähnlich wie das Bananenbier von eben, durch die Fermentierung von Sorghum, anderen Hirsesorten oder Sesam hergestellt und kann auf eine lange Tradition zurückblicken. Schon im 5. und 6. Jahrhundert gibt es Hinweise auf das Hirsebier, auch in späteren Jahrhunderten scheint dieses Getränk immer eine Rolle gespielt zu haben. Im arabisch dominierten Sudan ist das Nationalgetränk seit der Einführung der Scharia 1985 verboten, da es bis zu sechs Prozent Alkohol enthalten kann. Im eigenständigen schwarzafrikanischen Südsudan ist es allerdings noch weit verbreitet. Die Herstellung, die sich von Region zu Region stark unterscheidet, wird ausschließlich von Frauen bewältigt, viele Witwen versuchen sich im Sudan mit dem illegalen Verkauf von Merisa über Wasser zu halten. Wer erwischt wird, muss mit hohen Strafen rechnen. Angeblich gibt es Frauengefängnisse, die vor lauter Merisa-Verkäuferinnen aus allen Nähten platzen.

Ähnlich wie das Pombe dient auch Merisa als alternatives Zahlungsmittel, zur Untermalung von Freundschaften oder wird als Stimmungsaufheller in der Freizeit getrunken. Im Sudan weit verbreitet ist der Glaube an Geister, die Besitz von Menschen ergreifen können. Bei den Austreibungsritualen spielt Merisa ebenfalls eine Rolle. So gibt es beispielsweise den bösen Zar, was weniger etwas mit Russland und seiner untergegangenen Dynastie als vielmehr mit einem echten Geist zu tun hat. Der erscheint ausschließlich Frauen, in Form eines Ausländers, gerne als Europäer. Und schwups, ist die Frau verhext, leidet unter Wahnvorstellungen oder Schlaflosigkeit. Was hierzulande mittlerweile eben als psychische Probleme bezeichnet wird. Nun kommt die Priesterin ins Spiel, die allerlei Gegenbeschwörungen vornimmt. Meist ist diese dabei nicht alleine, sondern wird von weiteren Frauen unterstützt. Und wenn Zar es verlangt, müssen all diese Frauen Merisa trinken, um den Geist zu beruhigen. Dazu gibt es Musik und Tanz. Wäre nicht belegt, dass Zar irgendwann im 19. Jahrhundert aus Äthiopien in den Sudan eingewandert ist, man könnte fast vermuten, er wäre eine Erfindung der Brauereien.

Gleiches gilt für einen Geist, den nur ein Volk kennt, das im Norden des Sudan lebt. Die Berti (hübscher Name für einen Stamm) schleppen schon seit Urzeiten ein Geisterwesen mit sich herum, das auf den Namen Habboaba hört, was so viel wie »Großmutter« bedeutet. Diese Oma ist allerdings keine nette, sondern eine fiese. Sie macht die Menschen krank, zaubert ihnen zum Beispiel Masern an. Der körperlose Geist tritt nicht in Erscheinung, zu sehen sind nur die Auswirkungen. Und was sollte besser gegen Masern helfen als Bananenbier? Also, rein damit, um Habboaba wieder in die Zwischenwelt zu jagen.

Ähnliche Biere wie das Merisa gibt es auch in Äthiopien, Burkina Faso, Nigeria und anderen afrikanischen Staaten. Die Herstellung und Zutaten unterscheiden sich zum Teil sehr deutlich. Die Geister hingegen sind sich deutlich ähnlicher.

Kapitel 6

Spezialitäten

Grund 51

Weil es weihnachtet

Die Weihnachtszeit wurde ja grundsätzlich erfunden, um Menschen die Möglichkeit zu geben, ihren Liebsten kräftig eins auszuwischen. Egal ob kratzender Pullover, selbstgetöpferter Aschenbecher oder eine Schachtel voller Marzipanpralinen, wo doch alle genau wissen, dass Onkel Heini allergisch auf Mandeln reagiert. Um die Tortur nicht nur auf den einen Bescherungsabend zu beschränken, erfand man den Weihnachtsmarkt, der bereits im Mittelalter, der Hochzeit des Folterns und Quälens, seine Vorläufer hatte, aber erst seit Mitte des letzten Jahrhunderts so richtig durchstartete. Hier gibt es neben schreiend lauten Weihnachtsliedern in Dauerrotation, überteuerten Futterständen, blinkenden Kinderkarussells und Massenaufläufen an Wochenenden seit einigen Jahren eine ganz perfide Gemeinheit: Glühbier! Was im ersten Moment wie ein schlechter Scherz klingt, ist leider Realität. Doch auf der anderen Seite: Warum sollten eigentlich nur Weintrinker unter der warmen Pansche leiden?

Statt Riesling oder Spätburgunder wird für Glühbier in der Regel ein spezielles, zwei Jahre lang gelagertes Kirschbier aus der Familie der belgischen Lambics benutzt. Wie beim Rebensaft attackiert man die alkoholische Grundlage so lange mit Nelken-, Orangen-, Anis- und Zimtaromen (der Fantasie sind ansonsten keine Grenzen gesetzt), bis sie so süß ist, dass die Zahnplomben mit den Geschmacksnerven Samba tanzen. Nun noch ein Bierfass mit einem Durchlauferhitzer besorgen, das Ganze auf einen Holzstand montieren und einen unverschämten Preis für das Gesöff verlangen. Schon finden sich viele interessierte Weihnachtsmarktbesucher ein, um diese leckere Spezialität zu verkosten, ihr »mildes« Aroma zu preisen und auf den cremigen Schaum hinzuweisen, der diesem

Getränk, das angeblich in Brüssel (wo sonst) erfunden wurde, die geschmackliche Krone aufsetzt.

Der echte Biertrinker gibt den Spielverderber, zeigt dem Weihnachtsmann den Mittelfinger, öffnet in der Jackentasche heimlich seine mitgebrachte Dose Pils und reüssiert, dass das Fest der Liebe offensichtlich nicht nur zur Züchtigung der Verwandtschaft, sondern auch zur Selbstkasteiung taugt. Jeder, wie er mag.

Grund 52

Weil es dusseligen Azubis zu Geniestreichen verhilft

Wer beim Wort »Eisbier« an *Eis am Stiel* oder andere Ferkeleien denkt, liegt falsch. Denn Eisbier ist eine Spezialität, die angeblich in Deutschland erfunden wurde. Und zwar von einem dusseligen Azubi in Franken, der Ende des 19. Jahrhunderts im Winter vergaß, ein Bockbierfass in die geheizte Braustube zu stellen. Am nächsten Tag war ein Teil des Wassers, oh Weihnachtswunder, gefroren. Im Kern des Eisblocks versammelten sich die restlichen Zutaten des Bieres. Meister Eder, oder wie der Vorgesetzte auch immer geheißen haben mag, ordnete zur Strafe die Zerschlagung der Blöcke an, was der Geselle auch schuldbewusst erledigte. Als zusätzliche Demütigung sollte der schlampige Untergebene zudem den ekeligen Rest in der Mitte des Blocks auszuzeln. Doch siehe da, das zweite Weihnachtswunder geschah, der Schmutz in der Bilge war sogar genießbar. Das wollte der Meister nicht glauben, kostete und ward sofort überzeugt. Seitdem, so die Legende vom dusseligen Azubi, wird in der Welt gerne Eisbier getrunken.

Tatsächlich kann das sogenannte Gebräu aus unter- oder obergärigem Bier bestehen, wichtig ist nur, dass es auf Eis gelegt wird. So entfernt man überflüssiges Wasser und Bitterstoffe, der Alkoholgehalt steigt in ungeahnte Höhen und doch schmeckt das Getränk, das natürlich gekühlt serviert wird, äußerst mild. Hier lauert vor allem die Gefahr für den unerfahrenen Trinker, der sich in gewohntem Tempo die Kannen ins Gebinde schraubt und sich plötzlich wundert, warum er/sie plötzlich in einer anderen Stadt aufwacht.

Trotz seiner (angeblich) bayrischen Gründerväter setzt sich das Eisbier hierzulande allerdings nur langsam durch. In Nordamerika, vor allem aber in Kanada, erfreut sich der Trunk hingegen größerer Beliebtheit. Ob das mit den örtlichen Gegebenheiten zusammenhängt (viele Wälder, nicht mehr ganz so viele Eisbären, vor allem in der Polarregion recht frisch), ist möglich, aber nicht bewiesen.

Grund 53

Weil es lieb und teuer werden kann

Wenn das Monatsende naht, drehen viele Bierfans ihre Innentaschen zweimal um. Noch ein Fässchen vom begehrten Getränk kaufen oder doch lieber Windeln für den Nachwuchs? Manchmal zwingt einen das Leben zu harten Entscheidungen. Bisweilen werden einem diese Entscheidungen aber auch abgenommen. Denn es gibt Biere, die nichts für den kleinen Geldbeutel sind, weder am Monatsanfang noch am Monatsende. So zum Beispiel das Blue Ribbon 1844 von Pabst Brewing Asia. Die 720 Milliliter-Pulle in Gold und Schwarz, die nicht zufällig an eine edle Weinflasche erinnert, kostet 44 Dollar. Dafür hat sich der US-amerikanische Braumeister Alan Kornhauser aber auch richtig Mühe gegeben: Gebraut wird mit deutschem Karamell-Malz, das Bier reift in unbehandelten Whiskey-Fässern aus den USA. In einem Interview vergleicht Kornhauser seine Kreation mit einem guten Weinbrand, als Zielgruppe nennt er vor allem Neureiche und Politiker, die auf

Staatsbanketten und ähnlichen Veranstaltungen gerne einen edlen Tropfen genießen, der aber nicht zu viel Alkohol enthalten sollte.[10] Wer sich das Bier nach Europa bestellen möchte, sollte noch die Portokosten oben drauf rechnen, denn PBR 1844, wie es von Kennern genannt wird, ist ausschließlich auf dem chinesischen Markt erhältlich. Ob es da besonders viele Politiker und Neureiche gibt, müsste beizeiten mal erforscht werden.

Das schottische Gebräu Sink The Bismarck wurde 2010 auf den Markt geworfen und ist von selbigem schon wieder verschwunden. Eigentlich wollten die schottischen Brauer von BrewDog dem damals stärksten Bier der Welt, Schorschbock 57 aus dem Hause Schorschbräu (deshalb auch der aggressive Name), Konkurrenz machen, was aber misslang. Sink The Bismarck kam »nur« auf 41 Prozent Alkohol, war aufgrund seiner extremen Bitterkeit (viermal so viel Hopfen wie gewöhnlich) und seines Preises (rund 46 Euro pro Flasche) extrem beliebt. Das Nachfolge-Bier der Schotten trägt den schönen Namen Tactical Nuclear Penguin, hat nur noch 32 Prozent Alkohol und kostet schlappe 44 Euro pro 0,33 Liter, enthält laut Eigenwerbung aber Schokoladenmalz und wurde von Pinguinen in einer abgelegenen Eisfabrik für drei Wochen eingefroren. BrewDog legt allerdings Wert darauf, dass während des Herstellungsprozesses keine Pinguine verletzt wurden. Wenn das kein Grund ist, mal ein Fläschchen zu kosten.

Vom kalten Südpol geht es direkt weiter ins warme Ägypten. Dort buddelte sich der britische Archäologe Dr. Barry Kemp anno 1990 durch den Wüstensand und stieß auf die alten Brauereianlagen der Nofretete, in denen sich sogar noch minimale Reste von Bier befanden. Aus diesen kleinen Proben konnte das über 3.000 Jahre alte Originalrezept rekonstruiert werden. Eigentlich eher als Gag beauftragte Dr. Kemp den schottischen Brauer Jim Barrington von der gleichnamigen Brauerei damit, 1.000 Flaschen nach diesen antiken Vorgaben zu brauen. Eigentlich sollten die in einem schicken ägyptischen Design aufgemachten Halbliterflaschen für rund fünf

Euro an den Mann gebracht werden. Aufgrund der Geschichte und der strengen Limitierung stiegen die Preise für eine Flasche aber schnell auf 50 Euro und mehr.

Oder wie wäre es mit einem Bier, das in einigen Staaten seiner Heimat sogar verboten ist? Die Biermarke Samuel Adams der Boston Beer Company (benannt nach einem der Gründerväter der USA, dessen Gesicht allerdings nicht im Logo der Brauerei zu sehen ist, weil der Kerl angeblich zu hässlich war) hat so etwas im Angebot. Alle zwei Jahre wird eine Braupfanne mit Utopias aufgesetzt. Die 0,7Liter fassende Flasche (2012 auf 15.000 Stück limitiert) gibt es für rund 110 Euro, dafür hat der Stoff allerdings auch 27 Umdrehungen und enthält eine Prise Ahornsirup. Der Geschmack wird als malzig und rauchig beschrieben. Laut Eigenwerbung braut Samuel Adams den amerikanischen Traum. Utopias ist insgesamt 13 Staaten der USA dann aber doch ein bisschen zu stark, weshalb das Bier hier nicht ausgeschenkt werden darf. Eigentlich erstaunlich für einen Staat, in dem alle 19 Minuten ein Mensch an illegalen Drogen stirbt.

Wer seinen Biergenuss gerne mit seinem Umweltbewusstsein verbindet, hatte 2010 die Chance, eines der teuersten Biere aller Zeiten zu ersteigern. Die australische Nail Brewing Company füllte gerade einmal 30 Flaschen ihres Spezialbiers Antarctic Nail Pale ab. Das Besondere an dem hellen Bier mit 5,2 Umdrehungen war die Tatsache, dass als Brauwasser extra Eis aus der Antarktis eingeflogen wurde. Die Einnahmen wurden komplett der Sea Shepherd Conservation Society gespendet, die sich um den Schutz der Weltmeere bemüht und unter anderem Japan den Walfang zu vermiesen versucht. Die 30 Flaschen wurden im Internet versteigert und erzielten einen Einzelpreis von bis zu 600 Euro pro Flasche. Moby Dick hätte vor Freude einen Luftsprung gemacht!

Nicht ganz so tierfreundlich ist das End of history geraten. Abermals haben die schottischen Kollegen von BrewDog ihre Finger im Spiel gehabt. Und abermals wollten sie das stärkste Bier der Welt brauen. Ihr Gebräu, dem Wacholderbeeren und Brennnesseln untergemischt wurden, kam aber nur auf 55 Volumenprozente Alkohol. Wieder knapp daneben. Also dachten sich die Inselbewohner eine schräge Verpackung aus. Die zwölf abgefüllten Flaschen (mehr gibt es tatsächlich nicht) wurden jeweils in einen überfahrenen und präparierten Tierkadaver gesteckt. Wer dieses wahrscheinlich ziemlich ekelhaft schmeckende Bier aus dem Mund eines Eichhörnchens, Wiesels oder Feldhasen kosten möchte, sollte aber gut bei Kasse sein. Der Spaß kostet etwas mehr als 560 Euro pro 0,33-Liter-Fläschchen. Dafür werden die Hände beim Einschenken nicht kalt und man kann seinem Mundschenk direkt in die toten Augen sehen.

Ein ganz besonderes Tröpfchen kommt aus der dänischen Brauerei Carlsberg, das Jacobsen Vintage 3. Der Geschmack des Bieres, das eher an einen Süßwein erinnern soll, wurde von mehreren europäischen Braumeistern entwickelt, in Straßburg gebraut und auf 1.000 Flaschen limitiert. Ein Reporter beschreibt den Geschmack so: »Wie flüssiger Honig mit einem Schuss Malz, einer Handvoll Nüssen und einem Tropfen Hustensaft. Ziemlich eigenwillig. Und wahnsinnig nachhaltig – der Geschmack bleibt minutenlang im Mund.«[11] 0,375 Liter sind bereits für 270 Euro zu haben, das Bier soll laut Herstellerangaben auch noch in 100 Jahren zu genießen sein. Da freut sich die Erbengemeinschaft. Damit gehört das Jacobsen Vintage 3 zu den teuersten Bieren der Welt, ist aber nicht das teuerste. Das zu ermitteln ist eigentlich unmöglich (ganz Neugierige schauen einfach mal bei Grund 66 vorbei), denn schon morgen kann irgendjemand eine Pulle Oettinger mit dem Originalautogramm von Elvis Presley aus dem letzten Jahr im Internet versteigern und dafür Höchstpreise erzielen. Fest steht allerdings, dass die meisten teuren Biere entweder sehr seltsam schmecken, aufwendig gelagert werden oder eher symbolisch eine Zutat enthalten, die den Preis rechtfertigt. Als Feierabendbierchen schmeckt die Steini-Pulle aus dem gewöhnlichen Dreißiger-Kasten für 8,99 Euro aus dem Supermarkt allerdings immer noch am besten. Blattgold und Diamantsplitter werden überbewertet!

Grund 54

Weil es den Wettbewerb fördert

Wer sich auf die Suche nach dem stärksten Bier der Welt begibt, sollte sich eine Waffe mitnehmen. Und einen Helm. Denn auf diesem Terrain wird scharf geschossen!

Die Kontrahenten sind, wie es sich für eine ordentliche Auseinandersetzung gehört (Fußball-WM, Weltkrieg etc.), in Deutschland und Großbritannien zu finden. Georg Tscheuschner, seines Zeichens Inhaber der fränkischen Brauerei Schorschbräu, entdeckte vor einigen Jahren seine Liebe zu den hochprozentigen Bieren und experimentierte mit verschiedenen Verfahren, die ihm schnell Ergebnisse über der 25-Volumenprozent-Marke einbrachten. Das gefiel der schottischen Brauerei BrewDog überhaupt nicht, weshalb sie neue Biere mit mehr als 30 Prozent Volumenalkohol entwarf. Schorschbräu konterte mit 40. Und so weiter. Schließlich brachte es Schorschbräu mit seinem Schorschbock 57 auf unfassbare 57,5 Volumenprozente. Laut Auskunft des Franken so ziemlich der höchste Wert, der sich mit den Zutaten und nach den Vorgaben des deutschen Reinheitsgebots (also auf natürlichem Wege) erreichen lässt.

Schorschbock 57 wird, wie viele Biere mit extrem hohem Alkoholgehalt, nach der Eisbock-Methode hergestellt. In diesem Fall wird Bockbier auf minus 60 Grad heruntergekühlt, die geernteten Kristalle enthalten dann ein Bockbierkonzentrat, das verarbeitet wird. Diese Herstellung ist aufwendig, deshalb wurden von Schorschbock 57 auch nur 36 Flaschen (je 0,33 Liter) hergestellt.[12] Sammler ließen sich auch von dem Preis von 200 Euro pro Pulle nicht abschrecken, das Bier, das würzig und leicht salzig schmecken soll, ist natürlich längst ausverkauft.

Damit wäre diese wunderschöne Geschichte auch schon zu Ende, wenn es da nicht die schottischen Kollegen von Brewmeister geben würde. Deren Label klingt so ähnlich wie BrewDog, das Design der Etiketten weist eine nicht zu leugnende Ähnlichkeit auf, es ist aber eine andere Brauerei. Die hatte den medienwirksamen Kampf zwischen Schorschbräu und BrewDog (die endgültig alle viere von sich streckten und nicht weiter mitspielten) verfolgt und sich gedacht: Hey, das ist ja tolle Werbung, da steigen wir doch ein. Deshalb warfen sie knapp ein Jahr nach Tscheuschner ein Bier mit dem Namen Armageddon auf den Markt. Und das sollte angeblich 65 Umdrehungen im Kessel haben. Die Fachpresse zeigte sich erstaunt, der Laie bestellte für rund 75 Euro aufwärts eine Flasche und ... beschwerte sich. Denn Armageddon war maximal ein geschmacklicher Weltuntergang. Und kaum jemand, der den Tropfen wirklich probiert hatte, glaubte daran, dass hier 65 Volumenprozente im Spiel sind. Brewmeister fuhr allen Zweiflern über den Mund, weigerte sich allerdings, Dokumente vorzulegen, die den Alkoholgehalt und dessen Zustandekommen beweisen. Also wurde der Rekord wieder einkassiert.

Kein Problem für Brewmeister, die brachten bereits 2014 das Bier Snake Venom mit angeblichen 67,5 Volumenprozenten auf den Markt. Inklusive einem kleinen Fähnchen am Flaschenhals, das auf die besonders hohe Alkoholkonzentration hinwies. Und das Fläschchen war bereits ab 65 Euro pro Stück zu erwerben. Aber auch hier das gleiche Spiel: keine Dokumente, keine Beweise. Einige Experten untersuchten das Gebräu und äußerten die Vermutung, dass der Alkohol nachträglich beigefügt wurde, allein schon, weil Snake Venom so unvermittelt auf dem Markt auftauchte. Die Entwicklung eines dermaßen hochprozentigen Bieres nimmt in der Regel Jahre in Anspruch. Ob hier wirklich getrickst wurde, ist allerdings schwer zu beweisen.

Fortan trennten sich die Fanlager endgültig. Manche halten Brewmeister für die genialsten Bierbrauer aller Zeiten, die anderen für Täuscher, die dem Franken-Schorsch seinen Titel auf unlautere Weise entreißen wollen. Der britische Blog The BeerCast positionierte sich klar und nannte Brewmeister »die Schande der britischen Brauereien«.[13] Ob dies zutrifft, sei dahingestellt. Wer auf Nummer sicher gehen will, geht aber auf jeden Fall nach Franken.

Grund 55

Weil es gesund sein kann (aber nicht muss)

Betrachtet man die Ernährungsentwicklung der letzten Jahre, so kommt man zu folgendem Schluss: Die eine Hälfte der westlichen Bevölkerung frisst sich bei Burgerbratereien und an Dönerständen dem Cholesterin-Himmel entgegen, während die andere, deutlich kleinere Hälfte immer mimosenhafter wird, was die Futterzufuhr angeht. Keine tierischen Produkte, nur noch gewaltlos vom Baum gefallenes Obst; kein Salat, der auch einer Schnecke schmecken könnte. Gesund muss es sein, aber irgendwie auch schick. Den Planeten retten, ohne dabei cool zu sein, ist wenig attraktiv.

Für die zweite Hälfte (nur so kann es sein) dieser Aufzählung hat sich die Klosterbrauerei Neuzelle aus Brandenburg 2012 etwas Lecker-Gesundes ausgedacht: probiotisches Bier. Prowasbitte? Ja, probiotisch. Vitalisierende Kulturen, fruchtige Aromen, kein Alkohol. Fürs geistige und körperliche Wohlbefinden und so. Es enthält neben den üblichen Zutaten Invertzuckersirup und verschiedene Aromastoffe. Wer braucht so etwas?

Vermutlich die gleichen Leute, die auch zum Spargelbier greifen. Das Geheimnis dieser Komposition aus der gleichen Brauerei? Pils mit Spargelwasser, Ende der Durchsage. Und jetzt mal im

Ernst: Was war bisher falsch daran, diese beiden Komponenten im Mund oder Magen selbst zusammenzumischen, beziehungsweise einfach eine leckere Portion Spargel mit einem kräftigen Schuss Pils herunterzuspülen? Warum muss man auf Teufel komm raus Dinge zusammenmixen, die nicht ansatzweise zusammengehören oder die einzeln für sich genommen seit Jahrhunderten hervorragend funktionieren? Und was hat das alles mit Bier zu tun? Okay, wer vom Arzt eine Glutenunverträglichkeit bescheinigt bekommen hat, ist vielleicht dankbar für ein Getränk, das dem Bier zumindest ähnlich ist. Aber gesunde Menschen in der Blüte ihres Lebens und mit ordentlichem Durst und einer funktionierenden Verdauung?

Bei Gelegenheit muss mir mal irgendwer erzählen, wann genau die Außerirdischen gelandet sind und was sie mit diesem Planeten vorhaben.

Grund 56

Weil es zum Diebstahl animiert

Im niedersächsischen Braunschweig gibt es eigentlich nur zwei Konstanten, die sich über Jahrzehnte und Jahrhunderte erhalten haben. Die eine ist der Fußballverein Eintracht Braunschweig. Die andere die Vorliebe für Bier. Die Braunschweiger Mumme (Mumia Brunsvicensium) erfreute sich ab dem Spätmittelalter weit über die Landesgrenzen und den Kontinent hinaus großer Beliebtheit.

Wer genau die Mumme erfunden hat, ist nicht bekannt. Der Versuch, dem Getränk im 17. Jahrhundert ein Gesicht beziehungsweise einen Erfinder zu geben (Christian Mumme), wurde schon vor über 100 Jahren als Fälschung enttarnt. Tatsächlich versuchten einige findige Braunschweiger, Legenden um das Getränk zu stricken, um es besser vermarkten zu können. Diese Lümmel! So sollte allen Ernstes mit einem Bild eines extrem übergewichtigen und verendeten Mannes belegt werden, dass manchen Menschen die Mumme so gut schmecken würde, dass sie sich daran zu Tode saufen würden. Marketing der anderen Art.

Tatsächlich werden erste urkundliche Erwähnungen der Spezialität auf das späte 14. Jahrhundert datiert. Ursprünglich wurde das Wort »Mumme« in Braunschweig für alle dunklen Biere verwendet, die innerhalb der Stadtmauern gebraut wurden. Es gibt also kein Originalrezept im eigentlichen Sinne. Gemein war allen diesen Bieren allerdings der extrem hohe Malz- und Zuckergehalt, damit verbunden ein hoher Alkoholgehalt und die Dickflüssigkeit. So zum Beispiel das Tibi Soli, das wohlriechend und süßlich daherkam und vor allem der Damenwelt schmeckte.

Anders als die anderen Biere (und überhaupt der meisten Lebensmittel) in dieser Zeit, war die Mumme aufgrund ihrer Zusammensetzung deutlich länger haltbar, was vor allem die Seeleute zu schätzen wussten. Die holten sich den Stoff fässerweise auf ihre Schiffe und machten ihn damit in der ganzen Seefahrerwelt bekannt. Um die Haltbarkeit weiter zu steigern, wurde die Segelschiff-Mumme erfunden, die einen noch höheren Alkoholgehalt besaß und fast sirupartig gewesen sein muss. Wer nicht mehrfach die sieben Weltmeere bereist hatte, wurde von diesem Tropfen, der gerne zusammen mit Schinken oder Braunschweiger Schlackwurst verzehrt wurde, aus den Schuhen gehauen. So berichten es zumindest Zeitzeugen, die sicher von dem einen oder anderen Fass à 434,88 Liter gekostet haben werden. Neben der gewöhnlichen und der Segelschiffmumme gab es weitere Varianten, unter anderem eine mit zerstoßenen Kirschen oder eine verdünnte Version für nicht ganz so trinkfeste Bierfreunde. Aufgrund verschiedener Zusätze wurde die Mumme auch als etwas angepriesen, was wir heute vielleicht Nahrungsergänzungsmittel nennen würden.[14] Alles für die Gesundheit!

Anfang des 18. Jahrhunderts kamen auch andere Brauereien auf Ideen, wie man Bier länger haltbar machen konnte. Außerdem hatten die Engländer ein Originalrezept aus Braunschweig in die Hände bekommen, andere versuchten (zumeist erfolglos), die Mumme zu kopieren. Der Abstieg der Mumme nahm trotzdem Fahrt auf. Einige Jahrzehnte später wurde entschieden, der Mumme den Alkohol zu entziehen und sie so zum Urgroßvater aller Malzbiere zu machen. Durch den nach wie vor hohen Gehalt an Nährstoffen wurde sie vor allem Schwangeren, Lungenkranken und überhaupt allen empfohlen, die irgendwelche Gebrechen hatten. Allerdings nur noch in Braunschweig und Umgebung, die Internationalität hatte sich restlos erledigt.

Nachdem die Mumme lange als reines Nischenprodukt ihr Dasein fristete, kam 1990 aus wirtschaftlichen Gründen das Ende. Eine mehr als 600 Jahre alte Tradition wurde begraben, vermeintlich für immer. Doch bereits sechs Jahre später wurden die Braukessel erneut angeworfen, was sich bis heute nicht geändert hat. Die Original Mumme wird weiterhin als alkoholfreies Getränk gebraut. Diese wird vor allem in der Küche eingesetzt, um Soßen oder Dips zu verfeinern (wer es schon mal pur probiert hat, weiß warum). Die gleichnamigen Bonbons haben einen ähnlich intensiven Geschmack. Daneben gibt es seit 2008 auch wieder das Mumme-Bier, ein obergäriges Getränk, gebraut nach einem mittelalterlichen Rezept und mit Segelschiff-Mumme auf Kurs gebracht (5,2 Volumenprozent). Für die ganz Harten (oder Neugierigen) wird in Braunschweig seit einigen Jahren extra eine Mumme-Meile in der Innenstadt eingerichtet. Diese findet grundsätzlich im November statt. Wer das niedersächsische Wetter kennt, der packt sich ein paar Gummistiefel extra ein. Sonst segeln Spezialitäten wie Schweinebraten mit Mumme-Soße oder der wirklich leckere Mumme-Kuchen plötzlich von ganz alleine auf und davon.

Grund 57

Weil es uns den Wald und die Kelten näherbringt

Die Kelten waren schon ein ziemliches schlaues Völkchen. Sie erfanden den gefederten Wagen, nähten die schönsten Kleider und hielten so gut wie nichts schriftlich fest (auch wenn sie dazu sicher in der Lage gewesen wären), damit nachfolgende Historiker ein bisschen was zum Rätseln haben.

Ein weiteres Merkmal der Kelten war ihre relativ vielfältige Küche. In der Antike gab es genügend Völker, die halt das aßen, was ihnen vor die Füße lief. Die Kelten waren, das belegen Ausgrabungen, stets bemüht, ihre Eintöpfe, Braten und Biere noch zu verfeinern. Womit wir schon beim Thema wären. Denn die Kelten waren das erste bekannte Volk, das Waldbier braute, also Bier mit natürlichen Zutaten aus dem Wald versetzte. Und das kommt heute wieder in Mode.

Auf Korsika wird zum Beispiel die Kastanie als Zutat für das Bier genutzt. Der österreichische Braumeister Axel Kiesbye von der Trumer Privatbrauerei Josef Sigl geht noch einen Schritt weiter und bringt jedes Jahr ein neues Waldbier auf den Markt. 2013 erschien ein mit Lärchennadeln und -zapfen versetztes Scottish Strong Ale mit 8,2 Volumenprozent und einem harzig-zitronigen Geschmack, im Jahr zuvor wurden Zirbenzapfen (eine hochalpine Kiefernart) auf gleicher Basis verwendet. Hier soll der Geschmack ins Waldhonigartige tendieren, mit einem Hauch von Minze. Das erste Waldbier aus dem Jahr 2011 bekam als besondere Zutat Tannenwipfel aus dem Salzburger Land beigemengt und soll bei 7,5 Volumenprozent nach Nüssen und Marzipan schmecken. Klingt nach dem perfekten Winterbier. Und das Tolle ist: Diese Biere sind alle rund vier Jahre haltbar, eine Nachreifung in der Flasche von ein bis zwei Jahren wird sogar empfohlen. Außerdem legt Kiesbye, der in der Nähe von

Salzburg auch ein Bierkulturhaus betreibt und zum Biersommelier ausgebildet ist, Wert auf die Feststellung, dass alle waldigen Zutaten in Handarbeit eingesammelt wurden.

2014 steht ab Herbst das Schwarzkiefer-Bier im Handel, das einen besonderen Piniengeschmack verbreiten und perfekt zu kräftigen Wild- oder Pilzgerichten passen soll. Dabei ist speziell die Schwarzkiefer im Braugewerbe keine Unbekannte. Aufgrund ihres Harzreichtums wurde sie jahrhundertelang angeritzt, um dafür einen Grundstoff für Schwefel (zum Abdichten der Bierfässer) zu gewinnen. Nun kommen also die Zapfen aus dem Wienerwald ins Bier. Einen Versuch ist das auf jeden Fall wert, schließlich wird so eine Schwarzkiefer im Optimalfall bis zu 700 Jahre alt. Die kann einem beim Biertrinken Geschichten erzählen, da träumen die Gebrüder Grimm von. Und der Märchenabend ist gar nicht so teuer: Ein Paket mit jeweils zwei Flaschen à 0,75 Liter der letzten drei Jahrgänge ist bereits für 70 Euro zu haben.

Grund 58

Weil es Schwarz und Braun verbindet

Black & Tan (nicht zu verwechseln mit der paramilitärischen Einheit aus Irland gleichen Namens) gehört wohl zu den bekanntesten Biercocktails dieser Welt. Der Name stammt ursprünglich aus der Hundezucht, Black & Tan (also Schwarz und Braun) beschreibt die Fellzeichnung gewisser Rassen. Aber da in Großbritannien spätestens seit dem 17. Jahrhundert unterschiedlich farbige Biere populär sind, war der Schritt vom Zwinger an die Theke nicht weit.

Als braune Basis für den Drink dient ein Pale Ale oder ein Lager. Anschließend wird vorsichtig ein schwarzes Bier (Stout oder Porter bieten sich an) hinzugegeben. Der Profi nutzt dafür einen speziellen

Löffel, über dessen Rückseite das zweite Bier gegossen wird. Was jetzt passiert, ist erstaunlich: Die beiden Biere mischen sich nicht zu einem Glas unansehnlichen Klärschlamms, sondern ergeben eine hübsch anzusehende Flagge. Das hat einen physikalischen Grund, das Guinness (die meistverwendete Marke für diesen Drink) besitzt einfach eine geringere Dichte und schwimmt deshalb oben.

Natürlich gibt es gefühlte 20.000 Variationen dieses Getränks, so heißt ein Newcastle Brown Ale mit Guinness-Topping zum Beispiel Dark Castle, während die mit St Pauli Girl Beer (ein Bier, das von Beck's mittlerweile nur noch für den US-amerikanischen Markt gebraut wird) gemixte Variante Black Girl heißt. Aber es gibt auch Varianten mit Kirschbieren oder gar ganz fremden Zutaten, wie Champagner (wird zusammen mit Guinness zum Black Velvet).

Der Begriff Black & Tan ist weltweit üblich, einzig in Irland sollte man davon Abstand nehmen, ihn zu laut durch den Pub zu grölen. Aufgrund der bereits erwähnten paramilitärischen Einheit, die 1920 und 1921 zur Bekämpfung der IRA und von Sinn Féin eingesetzt wurde, bestellt man hier lieber ein »Half and Half«. Es sei denn, man möchte in eine Debatte verwickelt werden, gegen die die komplette Reformation und Gegenreformation in Deutschland wie ein lustiges Treffen unter Freunden wirkt.

Grund 59

Weil man darin baden kann

Früher wurde gegessen, was auf den Tisch kam. Diese Zeiten sind lange vorbei, denn heute heißt das Zauberwort »Functional Food«. Nahrungsmittel müssen nicht nur lecker sein, sondern auch noch einen Zweck erfüllen. Am besten ist natürlich, sie machen reich, jung, schlank, gesund und umwerfend hübsch.

So war es nur eine Frage der Zeit, bis dieser Trend auch das Bierregal im Supermarkt erreichte. Die Klosterbrauerei Neuzell hat zu diesem Behufe ein Anti Aging Bier auf den Markt gebracht. Die Quelle der ewigen Jugend versprechen die Hersteller zwar nicht, aber immerhin ein belebendes Gefühl. Auf der hauseigenen Homepage wird darauf hingewiesen, dass die Zeit nicht zurückzudrehen ist (das wäre mal eine interessante Nebenwirkung), sondern der Alterungsprozess nur gehemmt werden soll. Ähnlich wie bei Cremes und Shampoos, die ähnliche Effekte versprechen. Dem Schwarzbier wurden unter anderem Algen und Kurbad-Sole beigefügt. Außerdem enthält das Bier Flavonoide. Das sind weit verbreitete Pflanzenstoffe, denen eine antioxidative Wirkung zugesprochen wird. Mit einem Schluck sind alle Falten weg!

Wem das noch nicht genug ist, der kann beim gleichen Anbieter einen Bierbadezusatz kaufen. Das schwarze Pülverchen soll unter anderem die Hautdurchblutung anregen und nicht nach Bier riechen. Wo sich Mutti früher nach dem Schokoladen- oder Moorbad den überschüssigen Grind von den Oberschenkeln hat rubbeln lassen, soll nun also das Bier einspringen. Einige Hotels haben diese Idee aufgegriffen und bieten bereits Bier-Erholungswochen für Körper und Geist an. Natürlich auch für Männer. Früher hat dafür eine Kneipp(en)-Kur gereicht. Aber bitte, wenn's schee macht.

Grund 60

Weil es einen Scheißtag verschönern kann

Der Japaner, das unbekannte Wesen. Er jagt Delfine und Wale, spricht nie das Wort »nein« aus und empfindet es tendenziell als unhöflich, wenn man beim Gehen raucht. In Sachen Bier unterscheidet sich der Japaner hingegen nicht groß von den restlichen Bewohnern des Planeten. Mit einer Ausnahme.

Als vor wenigen Jahren die Kaffeesorte Kowi Lupak auf den Markt kam, wusste man nicht, ob man lachen oder würgen soll. Die indonesische Schleichkatze futtert Kaffeekirschen, scheidet die Bohnen unverdaut wieder aus und liefert damit den Grundstoff für das gemütliche Beisammensein am Sonntagnachmittag. Für schmale 220 Euro das Kilo ein sehr exklusiver Genuss, der weltweit durch die Presse ging. Das wollte die japanische Brauerei Sankt Gallen (die heißt wirklich so, hat aber nichts mit der Schweiz am Hütli) nicht so stehen lassen und kippte Kaffeebohnen ins Elefantenfutter. Aus dem Dung wird aber kein Heißgetränk gemacht, sondern Bier. Das Zeug heißt Un, Kono Kuro (ein Wortspiel, das an das japanische Wort für »Scheiße« erinnern soll), soll ein bisschen bitter, gleichzeitig süßlich und frisch schmecken und kostete mal eben 50 US-Dollar pro Fläschchen. Kein Wunder, denn ein Kilo des Dungs verursachte Kosten von rund 2.200 Euro. Elefanten fressen eben viel, wenn der Tag lang ist.

Die erste Marge des Bieres war innerhalb weniger Stunden restlos ausverkauft; ob noch mal ein Kessel mit Elefanten-Aa angesetzt wird, ist unklar. Die Brauerei soll vom Erfolg selbst überrascht gewesen sein und überlegt nun wohl, ob sie als die Firma in die Geschichte eingehen möchte, die sich an den Ausscheidungen des größten noch lebenden Landtiers bereichert hat. Wer nach einem Getränk sucht, das einem Scheißtag die Krone aufsetzt, ist hier allerdings zumindest auf der richtigen Spur.

PS: Un, Kono Kuro ist nicht zu verwechseln mit dem dänischen Elephant Beer der Brauerei Carlsberg, auch wenn beide einen Elefanten auf dem Etikett haben. Das Starkbier wurde in den Fünfzigerjahren des letzten Jahrhunderts ursprünglich nur für den afrikanischen Markt gebraut, eroberte aber schließlich auch Europa. Und zwar ganz ohne ungewöhnliche Zutaten.

Kapitel 7

Tresengeflüster

Grund 61

Weil es Hunger auf mehr macht

Wer kennt das nicht? Da kommt man von einem Biergelage mit den Freunden nach Hause, in der linken Hand ein Stück Fladenbrot mit Schweineknorpel und Zaziki, in der rechten ein Flatschen Presspappe mit Salamiauflage. Und man denkt sich: Och, so ein kleiner Schweinebraten würde noch gehen.

Glücklicherweise lassen sich nur die wenigsten dazu verleiten, wirklich den Backofen einzuschalten, ansonsten wäre die Hausbrandstatistik in diesem Land noch erheblich höher. Aber es ist ein Fakt, dass nach dem Biergenuss der Appetit recht plötzlich in ungeahnte Höhen schießt. Und der lässt sich sogar ziemlich einfach erklären: Bier setzt im Körper gewisse Neurotransmitter und Hormone frei, die uns anzeigen, dass es Zeit für die Nahrungsaufnahme wird. Davon abgesehen entziehen bestimmte Alkoholsorten dem Körper Wasser und damit Salz. Die Lust auf deftigen Junk Food steigt. Man stelle sich vor, die Prohibition würde wieder eingeführt. Die Burgerbuden unserer US-amerikanischen Freunde würden eine nach der anderen Insolvenz anmelden.

Manche Alkoholarten, darunter neben Bier auch Wein und Sekt, sorgen zudem für die erhöhte Magensaftproduktion. Und bevor sich der Körper ein Geschwür aufhalst, sendet er dem Hirn lieber die Nachricht, für anständiges Dämmmaterial zu sorgen. Wer vor Magensäureattacken sicher sein will, sollte sich an destillierten Alk wie Wodka oder Gin halten. Danach hat man auch keinen Hunger. Wer allerdings so viel Wodka trinkt wie andere Leute Bier, hat eh ganz andere Probleme als Magengeschwüre.

Ein ganz dummer Nebeneffekt des Biergenusses und der anschließenden Fressorgie ist die Tatsache, dass Alkohol den Verdauungsprozess behindert. Jetzt stöhnen natürlich die Verfechter des Verdauungsschnapses (vulgo: Zerhacker) laut auf und führen die wohlige Entspannung in der Magengegend ins Feld, die so ein Kurzer nach dem dritten Fasan hervorruft. Das hat allerdings einen anderen Grund: Alkohol lockert die Magenmuskulatur. Deshalb fühlt sich der volle Bauch nicht mehr so voll an, auch wenn die Plauze schon fast bis auf den Boden hängt.

Ernährungswissenschaftler raten, die Fressattacken zu umgehen, indem man einfach weniger trinkt, da sowohl Alkoholgenuss als auch der übermäßige Verzehr von salz- und fetthaltigen Lebensmitteln gesundheitsschädlich sei. Ulkiger Vorschlag, der aber irgendwie nach weniger Spaß klingt.

Grund 62

Weil es auch ohne Plastikschrott schmeckt

Biertrinken ist toll. Biertrinken in angenehmer Atmosphäre und mit einigen Freunden ist noch toller. Wenn dann aber einer dieser Freunde die neuesten Bier-Gadgets aus dem Rucksack zaubert, kann die Freude ganz schnell vorbei sein. Wer kennt sie nicht, diese kleinen überflüssigen Dinge, die beim ersten Mal vielleicht noch ansatzweise lustig sind, die über den Abend hinweg in einem aber den Wunsch wecken, den Urheber des Plastikschrotts mit einem sehr großen und sehr schweren Auto zu überfahren.

So gibt es eine Vielzahl von Flaschenöffnern, die allesamt mit dem Nervfaktor zehn ausgestattet sind. Denn ein Flaschenöffner soll eine Flasche öffnen. Mehr nicht. Wenn das Gerät aber bei jedem einzelnen Kronkorken anfängt, Fußball- oder Trinklieder abzuspielen, versucht auch der toleranteste Zecher die nächste Flasche an den Zähnen des Nachbarhundes oder der eigenen Augenhöhle zu öffnen. Ganz tolle Geräte haben noch einen Zähler integriert, der das Meckern der Partnerin/des Partners bei nächtlicher Ankunft im heimatlichen Hafen quasi gleich vorwegnimmt. »Na, wieder zehn Bier reingekippt?« – »Lass mich gucken. Nope, waren exakt zwölf.« Andere Exemplare ziehen den Kronkorken von der Flasche in eine Art Magazin und lassen sich dann als Pistole verwenden. Reichweite des Geschosses: bis zu fünf Meter. Für Streitsucher in Kneipen das perfekte Spielzeug.

Keinen Deut besser sind die in vielfacher Ausfertigung erhältlichen Trinkhelme, in die ein oder zwei Dosen Bier eingeklinkt werden, wobei deren Inhalt mittels Schlauch oral zugeführt wird. Die Träger dieses Kleinods meisterlicher Ingenieurskunst sehen allerdings so aus, als würde die Entwicklung vom Höhlenmenschen zum Homo sapiens noch in ferner Zukunft liegen.

Wer als Kind zu viele *Western von gestern* gesehen hat, der klemmt sich ein Bier-Holster an den Gürtel und zieht vielleicht sogar schneller als Lucky Luke. Auch als Oberkörperüberkreuz-Variante (Modell Selbstmordattentäter) erhältlich. Ein USB-Stick in Form eines Biergläschens sorgt für die erforderlichen Promille auf der Datenautobahn. In England hingegen wurde ein Plastikteller mit Loch in der Mitte »erfunden«. Durch selbiges lässt sich eine Bierflasche stecken, sodass die andere Hand für die Nahrungsaufnahme (oder andere Dinge) frei bleibt. Durch geschickt eingefügte Mulden im Teller können Chips, Nüsse und andere Knabbereien sogar abgelegt werden. Dolle Sache, die eigentlich für den Nobelpreis vorgeschlagen werden sollte.

Schäumen vor Wut werden echte Bierfreunde, wenn sie den Plastikhumpen mit eingebautem Aufschäumer in Händen halten. Durch einen simplen Federmechanismus lässt sich das Getränk ein wenig aufwirbeln, so dass sich wieder eine Krone bildet. Preis für diese Augenwischerei: zwischen 20 und 27 Euro pro Becher. Das sind zwei Kisten vom leckersten Bier. Und wer die schnell genug trinkt, braucht eh keinen falschen Schaum.

Technisch weitaus anspruchsvoller ist da schon der Beerbot aus Japan. Dieser Roboter saugt nicht Staub oder macht sonstige unnütze Dinge, sondern ist in der Lage, sich ein Bier aus dem eigenen eingebauten Kühlschrank zu holen und dieses ohne große Verluste einzuschenken. Und wenn man es ihm dann wegnimmt, beschwert er sich nicht mal. Mit 800 Dollar ist das Gerät zwar nicht gerade günstig, aber das Ding hat Stil und macht einen schlanken Fuß.

Ganz im Gegensatz zu den Minikühlschränken aus Plastik, in die exakt eine Dose (0,33 Liter) Bier passt. Wie viele von den Kühlaggregaten soll man sich denn hinstellen, wenn mal Besuch kommt? Noch sinnbefreiter ist allerdings ein über zwei Meter hoher Bierbong aus den USA, der fatal an eine Wäschespinne erinnert. An die Stange wurde oben ein größeres Gefäß genietet, von dem sechs Schläuche abgehen. Für das gemeinsame Abschädeln im Kreis. Der Spaß kostet auch nur über 100 Euro und sieht dermaßen billig aus, dass man fast schon Mitleid bekommt. Noch billiger sind die sogenannten Beer Goggles, eine Packung mit kleinen Plastiksonnenbrillen, die man den Bierflaschen überstreifen kann. Sieht nicht lustig aus, hat keinen Mehrwert, hinterlässt nur Fragezeichen. Da kann ja gleich jemand eine Wasserpistole mit Bierdosenmagazin erfinden. Oh, den Beer Blaster gibt es schon? Aber warum? Um sich den Stoff gegenseitig in die Kauluke zu schießen? Wer viel auf Partys ist, auf denen das Verhältnis zwischen Besuchern und Bedienungen nicht stimmt, kann vielleicht etwas mit der Bierfahne anfangen. Ein Holzstäbchen mit einer Art aufmontierter Parkscheibe. Hier kann der Durstige per Rädchen einstellen, wie viele Gerstensäfte er noch benötigt. Im Kopf des Fähnchens steht dann beispielsweise »4 Bier bitte«. Da das Ding aber nicht viel größer als eine Postkarte ist, muss die Bedienung schon ziemlich nah rankommen, um zu lesen, was da steht. Und wenn sie schon so nah ist, könnte man auch gleich bestellen. Schwer vorstellbar, dass in einem überfüllten Bierzelt irgendwer auf diese Dinger reagiert. Zumindest die Kulmbacher Brauerei fand's lustig und hat sich als offizieller »Bierfahnenfan« registriert.

Für den eher gemütlich veranlagten Bierfreund bietet sich da schon eher der Beer Garden der Firma Dunecraft an. Für 25 Dollar bekommt man ein Plastikgehäuse und ein paar Samen (Weizen, Gerste und Hopfen, versteht sich). Nach wenigen Monaten ist das eigene Bier dann bereit. Wenn man vor dem Mini-Gewächshaus nicht längst elendig verdurstet ist. Der Verfasser dieser Zeilen hält es da lieber mit einem bekannten norddeutschen Sprichwort: »Nich lang schnacken, Kopp in' Nacken«. Hat bisher immer funktioniert, ganz ohne Gadgets.

Grund 63

Weil es zitierfähig ist

»Viele Schlachten wurden von Soldaten geschlagen und gewonnen, die sich von Bier nährten.« Dieses so martialische wie wahre Zitat stammt von Friedrich Wilhelm von Brandenburg (1620–1688), einem der Urväter der Glorie Preußens. Und dieses Preußen war nicht dafür bekannt, ein Heer aus Säufern zu beschäftigen. Vielmehr waren es stramme, disziplinierte Kämpfer, die sich eben von Bier ernährten und deshalb Superkräfte erhielten. Vergleichbar mit dem Seemann Popeye und seinem Spinat. Außerdem waren die Kommissköppe dadurch im Unterhalt extrem günstig. Denn wie sagt ein altes deutsches Sprichwort so schön: »Gut Bier ist Speise, Trank und Kleid.« Oder in etwas modernere Sprache übersetzt: »Drei Bier sind ein Schnitzel, sieben Bier eine Jacke.«

Natürlich ruft das Thema Bier auch viele Scherzbolde auf den Plan, gegen die ein x-beliebiger Gag von Mario Barth wie ein Vortrag am Goethe-Institut wirkt. »Alkoholfreies Bier ist wie ein BH auf der Wäscheleine, das Beste ist raus«, »Fängst du mittags an zu saufen, kannst du abends nicht mehr laufen« oder »Ein Vorteil von Bier gegenüber einer Frau ist, dass ein Bier nicht sauer wird, wenn man ein anderes anschaut« seien als mahnende Beispiele genannt.

Dass es anders geht, beweisen diverse Intellektuelle, darunter auch Benjamin Franklin (1706–1790), der seines Zeichens nicht nur Verleger und einer der Gründungsväter der USA war, sondern auch Dinge wie die freiwillige Feuerwehr, die Leihbibliothek, den Blitzableiter und den flexiblen Harnkatheter (wenn einen der Blitz doch erwischt hat) erfand. Aber Franklin hatte noch eine weitere Leidenschaft: das Bier. Eines seiner berühmtesten Zitate beschäftigt sich mit diesem Thema: »Bier ist der überzeugendste Beweis dafür, dass Gott den Menschen liebt und ihn glücklich sehen will.« Wer will da widersprechen? Der britische Entertainer Henny Youngman brachte es so auf den Punkt: »Als ich von den schlimmen Folgen des Trinkens las, gab ich sofort das Lesen auf.« Unser geliebter Ex-Bundespräsident Richard von Weizsäcker, der mit dem Namen unter Umständen auch den einen oder anderen Brauer in der Familie gehabt hat, musste Rücksicht auf sein staatstragendes Amt nehmen und konnte den Gerstensaft deshalb nicht einfach so in den Himmel jubeln. Aber mit einer ökologisch-nachdenklichen Note ging es: »Man könnte froh sein, wenn die Luft so rein wäre wie das Bier.« Der ehemalige Oberbürgermeister der Bierstadt Dortmund, Günter Samtlebe (1926–2011) argumentierte schon rein von Amts wegen etwas deutlicher: »Das Beste am Wein ist das Bier danach.«

Der bedeutende römische Dichter Horaz (65 v. Chr. - 8 v. Chr.) sprach dem Bier gar einen literarischen Wert zu: »Gedichte von Wassertrinkern sind in der Regel schlecht und geraten schnell in Vergessenheit.« Der große US-amerikanische Literat Charles Bukowski (1920–1994) gründete sogar seinen Ruhm auf die Vermischung aus geistigen Getränken und geistreichen Worten. Seine Gedanken zum Thema sind also durchaus ernst zu nehmen: »Da man aber nicht immer nur schreiben kann, gab es große Lücken zu füllen. Ich füllte sie mit Scotch, Bier, Ale und Frauen. Mit den Frauen hatte ich meistens Pech, und die Folge war, dass ich mich stark aufs Trinken konzentrierte.« Und auch der alte Lyriklump Heinrich Heine (1797–1856) hatte eine Meinung zum Thema: »Bier und Schnaps – die Getränke der Völker, denen Nebel und Regen vertraut sind.« Wie wahr, Harry, wie wahr.

Während in der Literatur das Bier quasi zum guten Ton gehört, sollte es im Leistungssport eigentlich eher verpönt sein. Eigentlich. Aber vor allem im Fußball pumpen die Brauereien Jahr für Jahr Millionen in die Vereine. Und damit sind sowohl Liter als auch Euro gemeint. Deshalb nimmt man es hier auch nicht so genau mit der Null-Promille-Grenze. So merkte der knorrige Ur-Bayer Klaus Augenthaler einmal an: »Das Gute am Weißbier: Es kann von elf Uhr morgens bis zum Frühstück getrunken werden.« Felix Magath, seines Zeichens eher als Experte für Medizinbälle und grünen Tee bekannt, kämpfte im Jahr 2013 in der Sendung *Markus Lanz* gegen sein Schleifer-Image an: »Wenn einer zu mir sagt, ich brauch zehn Bier, dann schieße ich morgen zwei Tore, dann kriegt der von mir zehn Bier, das ist doch gar kein Thema.« Was Magath nicht verrät: Der Spieler darf die zehn Bier mit gestreckten Armen den Hügel der Qualen rauf- und runtertragen, mehr aber auch nicht. Wobei regelmäßiger Bierkonsum offensichtlich doch zu einer Leistungssteigerung führen kann, wie der österreichische Ur-Schleifer Max Merkel (1918–2006) einmal verkündete: »Im Training habe ich mal die Alkoholiker meiner Mannschaft gegen die Anti-Alkoholiker spielen lassen. Die Alkoholiker gewannen 7:1. Da habe ich gesagt: Sauft's weiter!« In diesem Sinne …

Grund 64

Weil man auch mit den leeren Behältnissen noch Spaß haben kann

Menschen kommen schon auf komische Gedanken, wenn sie nicht ausgelastet sind. Zum Beispiel auf die Bierfassroll-Veranstaltungen, die es in ganz Europa (und wahrscheinlich auch darüber hinaus) gibt. Hierzulande sind sie besonders in der Eifel beliebt, bei vielen Volksfesten sieht man Menschen rollenden Fässern hinterherjagen. Bisweilen werden sogar (inoffizielle) Europa- und Weltmeisterschaften ausgetragen. Dabei geht es in erster Linie darum, ein Bierfass zu rollen. Was für ein Spaß!

Es gibt verschiedene Modi, in denen Wettkämpfe ausgetragen werden. Bei manchen Bierfassroll-Events werden die Fässer mit den Händen gerollt, eine gerade Straße entlang, immer schön im Kreis oder über einen Hindernisparcours. Bei anderen Wettbewerben muss das Holzfass, das schon mal 50 Kilo und mehr wiegen kann, mithilfe von Stöcken bewegt werden. Eine besondere Disziplin hat sich die DLRG Echternacherbrück/Irrel in der Nähe von Bitburg einfallen lassen. Hier fanden bereits 1983 die ersten Unterwasser-Bierfassrollmeisterschaften statt. Dafür wird ein 30-Liter-Fass mit Wasser gefüllt und muss über den Beckenboden gerollt und schließlich wieder aus dem kühlen Nass herausgehoben werden. Ein bisschen Tauchkenntnis und Puste bieten sich also an, wenn man nicht untergehen will.

Alte Zeichnungen belegen, dass diese Art von Sport an Land, auch wenn er sich nicht in der Breite durchgesetzt hat, schon vor Hunderten von Jahren ausgeübt wurde. Allerdings hatten die Menschen damals auch noch keinen Fernseher, keine Computer oder Smartphones … Hm, wo kann ich mich anmelden?

Grund 65

Weil man damit fette Beute machen kann

Wer beim gepflegten Frühstückspils gerne die Morgenzeitung durchblättert, dem wird es schon aufgefallen sein: In Rubriken wie

»Vermischtes« oder »Man liest es nicht gerne« wird immer wieder von Bierdiebstählen berichtet. Das flüssige Gold scheint bei Langfingern neben Bargeld, Schmuck und Luxusautos ganz oben auf der Liste zu stehen. Wobei es meistens eher die weniger qualifizierten Diebe sind, die sich am Gerstensaft vergreifen. So wie der 27-jährige Bayer, der im November 2013 einen Bierkasten mitgehen ließ, der vor einem Getränkemarkt abgestellt war. So weit, so logisch; in den Markt durfte der durstige Kollege nicht mehr rein, da ihm aufgrund einer Anzeige wegen Ladendiebstahls Hausverbot erteilt wurde. Als die Polizei den Straftäter einige Zeit später stellte, hatte er große Teile des erbeuteten Vermögens beziehungsweise 17 von 20 Pullen Bier bereits geleert. Die Tatsache, dass der Mundräuber trotz mehr als fünf Promille noch vernünftig mit der Polizei sprechen konnte, deutet darauf hin, dass er in seinem Metier zu den Profis gehört.

Was man von zwei jungen Herren Anfang 20 nicht behaupten kann. Die brachen im Juni 2011 während des Handballspiels des VfB Altena nämlich den vereinseigen Kühlschrank auf, um jeweils eine (!) Flasche Iserlohner Pils zu mopsen. Die beiden wurden mit den Hülsen in der Hand ertappt, bestritten die Tat aber. Über die Frage, wer die entstandenen 60 Euro Sachschaden am Kühlschrank zahlen müsse, beschäftigte sich ein deutsches Amtsgericht zwei Tage lang, mehrere Zeugen wurden gehört. Was man in dieser Zeit für leckeres Bier hätte brauen können.

Deutlich cleverer stellten sich die zehn Herren an, die im Dezember 2013 in ein Warenlager in der Nähe von Essex einbrachen und mal eben 16.000 Flaschen von verschiedenen Prototypen-Bieren der Brauerei BrewDog im Wert von über 60.000 Euro mitgehen ließen. Offensichtlich war der Coup von langer Hand geplant, denn die ebenfalls dort gelagerten Flaschen, die bereits im Handel waren, ließen die Ganoven links liegen. Das Problem: Wenn man etwas klaut, was nicht auf dem freien Markt erhältlich ist, kann man es auch nicht auf dem freien Markt verkaufen. Und ob es wirklich 16.000 verschrobene Biersammler auf der Welt gibt, die sich fies kichernd eine Flasche Moshi Moshi oder Hobo Pop in den Wandsafe stellen, ist ganz gewiss fraglich. Zur Not muss der Kram eben selbst vernichtet werden, ist ja auch nicht ewig haltbar. Dass der Besitzer der Halle und Eigentümer der Biere das Diebesvolk gegenüber der Presse als »Abschaum der Welt« titulierte, ist quasi nur das Sahnehäubchen auf dem Kirschbier.[15]

Doch all das ist nichts gegen die Bande, die kurz vor dem grandiosen WM-Finale 2014 eine Lagerhalle in Krefeld aufbrach, um 300.000 Liter feinster Ballerbrause zu entwenden. Zehn Lkw waren nötig, um die Beute in Sicherheit zu bringen, um dann ... ja, was eigentlich? Die Fanmeile von Berlin zu beliefern? »Einen« über den Durst zu trinken? Das Zeug in den Rhein zu kippen, um so den Wasserstand anzuheben? Und wo stellt man 300.000 Liter Bier möglichst unauffällig unter? Wie ist der Schwarzmarkt für Brauereiprodukte überhaupt beschaffen? Und wer hortet so viel Gerstentee und ist zu knauserig, einen Wachmann zu beschäftigen? Fragen über Fragen, die sich wohl leider nie werden aufklären lassen.

Ehrliche Biertrinker sollten ihren Schatz also immer gut im Auge behalten. Die Polizei rät:

- Stellen Sie ihr Bier niemals vor einem geöffneten Fenster ab.
- Die Etiketten teurer Biermarken am besten abkleben, um keinen Neid zu erwecken.
- Größere Mengen (ab fünf Flaschen) nur in gut gesicherten Räumen lagern, zur Not einen zusätzlichen Panikraum ans Eigenheim anbauen.
- Bei Besuchen im Biergarten immer das eigene Glas im Auge behalten und mit dem anderen ununterbrochen die Sitznachbarn skeptisch mustern.
- Bei Anrufen von angeblichen Enkeln, die noch heute Nachmittag dringend ein paar Hundert Bier brauchen, kommentarlos auflegen.

Eine ganz andere Art von Bierdiebstahl begehen die jüngsten Erdenbürger, zumindest die meisten davon. Und das kommt so: Stillende Mütter sind wandelnde Lebensmittellexika. Sie wissen in der Regel genau, was gut für ihr Kind ist, was sie lieber sein lassen sollten und was das Würmchen gar nicht verträgt. Deshalb wissen sie auch (im Gegensatz zu vielen Männern), dass sich ein alkoholfreies Bier oder ein Malzbier in dieser Zeit besonders gut auf dem Speiseplan macht. Denn in der Gerste sind Stoffe enthalten, die die Produktion von Prolaktin und damit die Produktion von Muttermilch anregen.

Wenn der neue Erdenbürger (oder Erdenbürgerin, ist ja gut) nach dem Mahl also zufrieden gluckst, liegt das nicht am verschwindend geringen Anteil an Alkohol (in normalen Bieren wäre nach heutiger ärztlicher Meinung allerdings schon ein Schluck zu viel, da Babys den Geschmack von Alk unverständlicherweise nicht mögen), sondern an der Tatsache, dass er (oder sie) im wahrsten Sinne des Wortes genug Stoff von Mami gemopst hat, um die nächsten Stunden ein Nickerchen zu halten. Das wussten Hebammen schon vor 100 Jahren, damals wollte man ihnen allerdings nicht so recht glauben. Heute ist es medizinisch belegt.

Irgendwie ein schönes Bild: Die Nachtruhe wird um ein Uhr morgens mit sirenenhaftem Geschrei unterbrochen, und Mami tapert wieder zum Kühlschrank, um sich eine neue Kanne aufzureißen. Ein Prosit dem neuen Leben!

Grund 66

Weil es bei Weltrekorden live dabei ist

Es gibt Menschen, die können sehr schnell laufen. Es gibt Menschen, die können sehr schnell Karten mischen. Und es gibt Menschen, die können einfach unglaublich schnell saufen. So wie Steve Petrosino aus den USA. Der unscheinbare Mann schraubte sich in einem Pub in Pennsylvania (in schicker Latzhose) einen Liter Bier in wahnsinnigen 1,3 Sekunden in den Magen. Das geschah bereits im Jahr 1977, ist aber bis heute gültiger Weltrekord. Dass der 1951 geborene Mann nichts verlernt hat, ist im Internet zu begutachten. In verschiedenen kleinen Filmchen schluckt er einen Liter Bier in 1,8 Sekunden oder wirft eine Münze in die Luft und atmet den ganzen Liter weg, bevor sie auf den Boden fällt. Sein Kollege Peter Dowdeswell aus England stellte bereits 1975 den Rekord für zwei Liter Bier auf. Er benötigte dafür sechs Sekunden. Auch diese Bestmarke gilt bis heute.

Die kleinste kommerzielle Brauerei der Welt steht hingegen in Wales und trägt den Namen Bragdy Gwynant. Sie braut alle zwei Wochen nur rund 41 Liter Bier, und zwar für den Pub Tynllidiart Arms direkt nebenan. Die Brauerei hat eine Fläche von nicht mal einem Quadratmeter und wurde früher als Außentoilette für die männlichen Besucher des Pub benutzt. Das Bier soll aber trotzdem munden. Die längste Theke der Welt steht hingegen nicht in Düsseldorf, sondern im kleinen Örtchen Put-in-Bay im Bundesstaat Ohio, USA. Der hier ansässige Beer Barrel Saloon hat eine Theke mit einer Länge von fast 124 Metern. Da Put-in-Bay selbst gerade mal 138 Einwohner zählt, hat jeder Bürger theoretisch fast einen Meter Platz. Unabsichtliches Näherkommen ist da ziemlich ausgeschlossen.

Wer es lieber kuscheliger mag, dafür aber die Vielfalt schätzt, ist im Délirium Café in Brüssel an der richtigen Adresse. Die Schenke, die der belgischen Privatbrauerei Huyghe gehört, ist gleichzeitig ein Biermuseum und ein Paradies für interessierte Konsumenten. Hier stehen rund 2.400 verschiedene Biere zur Auswahl, mehr als in jedem anderen Laden der Welt. Ob es das 2.401. Getränk gratis gibt, wenn man alle durchprobiert hat, ist leider nicht bekannt. Das Café gegenüber der Skulptur von Jeanneke Pis (dem weiblichen Pendant vom Manneken Pis, Gleichberechtigung muss sein) ist mittlerweile so ein großer Publikumsmagnet, dass es Niederlassungen in Rio de Janeiro, Tokio, Nantes oder auf Ibiza gibt. Vielleicht sollten sich die Belgier überlegen, Achim Gratias aus Hürtgenwald bei Düren hinter die Theke zu stellen. Der hält seit 2006 nämlich den Rekord für die meisten gezapften Biere in einer Stunde. Exakt 1.437 Gläser füllte der Mann, das entspricht fast 24 Gläsern in der Minute. Da muss sich selbst ein Kegelverein aus dem Ruhrpott anstrengen, um mit dem Trinken hinterherzukommen.

Den offiziellen Rekord für die teuerste Flasche Bier der Welt hält ein ziemlich verkohlt aussehendes Gefäß der Brauerei Löwenbräu. Dieses Bier war an Bord der Hindenburg, als diese im Mai 1937 über Lakehurst (New Jersey, USA) in Flammen aufging und abstürzte. Ein Feuerwehrmann rettete sechs Flaschen aus den Trümmern und versteigerte eine davon – hoffentlich, nachdem er sich um die Opfer gekümmert hatte. Sie brachte es auf über 16.000 US-Dollar.

Grund 67

Weil es Alice Schwarzers Traum erfüllt

Frauen und Bier, das schien lange Zeit nicht zusammenzupassen. Die Dame hatte entweder ein Piccolöchen in den zarten Fingern, eine leichte Weinschorle im Glas oder blieb gleich ganz zu Hause. Aber es gab relativ wenige Frauen, die Bier in der Öffentlichkeit konsumierten. Vor allem in der Nachkriegszeit des letzten Jahrhunderts setzte sich das Bild des Zigarre rauchenden und Bier trinkenden Mannes durch, der das Wirtschaftswunder wuppt, und gut. Dabei ist historisch betrachtet Bier eher Frauensache.

Schon bei den ollen Germanen hieß es: Heim, Herd, Schlafzimmer. Und zum Herd (okay, es war eher ein offenes Feuer) gehörte nun einmal der Braukessel. Aber auch in anderen Kulturen, zum Beispiel in Skandinavien, war das Braugeschäft reine Frauensache.

Die allseits bekannte Hildegard von Bingen (1098–1179), eine der bekanntesten weiblichen Universalgelehrten des Mittelalters, beschäftigte sich ausgiebig mit dem Bier. Hilde war eben eine weise Frau. Davon ganz abgesehen gehörten Männer in den Braustuben dieser Zeit zu den Ausnahmen. Gleiches gilt naturgemäß für Nonnenklöster, in denen ebenfalls ordentlich gebraut wurde.

Der Braukessel gehörte in vielen Regionen für die eher weltlich orientierten Damen sogar zur Mitgift. Manch Mann wird sich seine zukünftige Braut also anhand ihres Kessels ausgesucht haben. Naja, es gibt schlimmere Kriterien. Wenn die Dame des Hauses dann eine weitere Ladung fertig gebraut hatte, durfte nicht etwa der Mann vorkosten, sondern die Freundinnen. Tatsächlich gibt es Quellen, die behaupten, das Kaffeekränzchen sei aus diesen Bierkränzchen hervorgegangen. Auch gab es sogenannte Weiberzechen oder Weiberschulen, also Kneipen, in denen nur Frauen Zutritt hatten. Man mag sich das Gekicher gar nicht vorstellen. Aber im Laufe der Jahrhunderte rissen die Männer das Gewerbe und den Genuss an sich, unterbrochen von kurzen Phasen des Ausgleichs (zum Beispiel in den Goldenen Zwanzigern).

Jetzt scheint die Zeit allerdings reif für eine neue Revolution. Der Bierabsatz sinkt rapide, immer mehr Frauen hocken sich auch alleine in Bars und Kneipen, die Geschlechtergrenzen verschwimmen. Aber es gibt noch einen weitaus wichtigeren Punkt als das: Umfragen zufolge tranken viele Frauen früher kein Bier, weil es ihnen zu bitter schmeckte. Und das hat sich durch den neuen Trend der Craft-Biere und Mischgetränke grundlegend geändert. Die Spezialitäten von Mini- und Mikrobrauereien, häufig versetzt mit allerlei Aromastoffen von Banane bis Kaffee, werden die Welt erobern. Meinen zumindest die Expertinnen. Wie viel Platz dann noch für ein gewöhnliches Pils bleibt, wird sich zeigen. Vielleicht sollte man(n) sich schon mal eine kleine Hundert auf die Seite legen, bevor es, wie der einfache schwarze Bohnenkaffee, zum völligen Nischenprodukt für Ewiggestrige verkommt.

Grund 68

Weil es Erfolg bringt

Die Beliebtheit des Bieres in unseren Breitengraden lässt sich auch daran feststellen, wie viele Menschen dieses Getränk im Namen tragen. Eine stattliche Liste Prominenter gehört auch dazu.

Zum Beispiel Wolf Biermann, der streitbare Liedermacher und Lyriker aus Hamburg, der als Jugendlicher nach drüben machte (also in die andere Richtung) und sich fortan mit der SED und dem ganzen Staat anlegte und schließlich ausgebürgert wurde. Entgegen anderslautender Meldungen war Wolf Biermann (*Ermutigung*) niemals Mitglied der SED, vielmehr wurde sein Eintritt in die Partei abgelehnt, weil vermutet wurde, dass er Drogen konsumiert. Auf der anderen Seite: Waren Ulbricht, Stoph, Mielke, Honecker und die ganzen anderen Bambusen wirklich durchgehend nüchtern und sauber? Kaum vorstellbar.

Nehmen wir lieber normale Leute, vielleicht etwas Adeliges. Wie wäre es mit Conrad Biermann von Ehrenschild? Der Politiker aus dem hohen Norden Deutschlands war im 17. Jahrhundert nicht nur Landrat von Pinneberg und königlicher Berater von Christian V. von Dänemark und Norwegen, sondern auch noch der Stammvater des Adelsgeschlechts Biermann von Ehrenschild. Das sollte exakt 53 Jahre Bestand haben und starb mit dem Tod seines einzigen Sohnes gleich wieder aus. Na ja, nicht jede Familie hat die Puste, gleich eine Dynastie zu gründen. Das kennen Honecker und Co. ja auch.

Ebenfalls in diese illustre Reihe gehört Lieselotte »Pieke« Biermann, die vielen als Krimiautorin und Übersetzerin von zum

Beispiel Agatha Christie bekannt sein dürfte. Zuvor hatte die Niedersächsin als Prostituierte gearbeitet und sich in den Achtzigerjahren des vergangenen Jahrhunderts als Vorkämpferin der Hurenbewegung einen Namen gemacht. So wurde der erste Hurenball in Deutschland von ihr mitorganisiert. Josef »Jeff« Beer aus Bayern trägt seine Profession ebenfalls im Namen, ist ansonsten aber für seine Vielseitigkeit bekannt. Er arbeitet als Komponist, Maler, Bildhauer, Grafiker und Fotograf. Alles aus einer Hand, wenn man so will.

Doch auch im Ausland gibt es Biermänner, zum Beispiel den Jazztrompeter und Komponisten Benjamin Bierman aus den USA, der bereits mit Größen wie B.B. King oder Stevie Ray Vaughan zusammenarbeitete. Die dänische Regisseurin Susanne Bier (welcher Mann würde da nicht den Namen seiner Frau annehmen?) erhielt 2011 den Oscar für ihren Film *In einer besseren Welt*. Unter dem Namen Birmann lebte vom 18. bis fast ins 20. Jahrhundert gleich eine ganze Künstlerfamilie in Basel. Zwei Maler (Peter und Samuel) und ein Schriftsteller (Martin) kann die Chronik vorweisen. Die Biermann-Ratjen-Medaille hat allerdings niemand von ihnen erhalten, die bekommt man nur, wenn man sich künstlerisch oder kulturell um Hamburg verdient gemacht hat.

Wer das Bier im Namen trägt, hat also Erfolg, das ist zwangsläufig so. Also, alle schnell auf zum Standesamt, den Nachnamen ändern zu lassen ist gar nicht so schwer. Zumindest nicht, wenn Sie Kozeima oder Bryczykowsky heißen.

Grund 69

Weil der Eichstrich immer schön kontrolliert wird

Wenn der Deutsche keine Vereine gründen kann, dann ist er irgendwie nicht glücklich. Und was gibt es da nicht alles für seltsame Zusammenrottungen: So zum Beispiel die SF Waschküch Würzburg, die angeblich Sport betreiben sollen. Oder wie wäre es mit dem Pfeifenclub Ebing, in dem zwar niemand (!) Pfeife raucht, der dafür aber jährlich einen Wettbewerb im Zigarrenlangsamrauchen (Stumpennuckeln) veranstaltet und dessen Vorsitzende Nichtraucherin ist. Oder nehmen wir Die Königstreuen aus Regensburg, deren Ziel es ist, die Monarchie in Bayern wieder einzuführen. Allerdings ohne Gewalt, das ist ja immerhin schon mal was. Oder die niedersächsischen Murmeltiere, deren Ziel gleich die komplette Weltherrschaft ist (allerdings nur für fünf Minuten, dann wird es anstrengend). Die Liste ließe sich endlos weiterführen.

Dagegen wirkt der Verein gegen betrügerisches Einschenken e.V. (VGBE) fast schon normal. Aber eben nur fast. Der VGBE wurde bereits 1899 in München gegründet und hatte von Beginn an eine hehre Aufgabe. Nämlich die Überprüfung der Gastwirte beim Oktoberfest, anderen bierseligen Zusammenkünften und in großen Gasthäusern. Damals wurde der Gerstentee nämlich in erster Linie in Tonkrügen ausgeschenkt. Und denen sah man von außen nicht an, ob sie wirklich voll waren oder ob der Wirt sich pro Krug einen Schluck in die eigene Tasche kippte.

Ein solch sinnvoller Verein, zumal im Bierland Bayern, erhielt natürlich massiven Zulauf von Freiwilligen und viel Unterstützung in der Bevölkerung. Als die Nazis 1933 an die Macht kamen, wurde der Verein allerdings verboten, offensichtlich duldeten die neuen Herren keine Kontrollgremien aus dem Volk, welcher Art auch immer. Sie werden gewusst haben warum.

Es sollte bis 1970 dauern, bis der Verein wiederbelebt wurde. Seitdem sind die rund 4.000 Mitglieder allerdings wieder fleißig am Prüfen, darunter bekannte Münchner wie die Politiker Christian »1860« Ude oder Edmund »Die, äh, Roten« Stoiber.

Der Tätigkeitsbereich des Vereins erstreckt sich mittlerweile weit über München hinaus, auch wenn hier immer noch die meisten Tests durchgeführt oder Bürgerbegehren (zum Beispiel gegen zu hohe Bierpreise) in Gang gesetzt werden. Aber auch andere Großveranstaltungen nördlich des Weißwurstäquators können Besuch vom VGBE bekommen. Heute werden die Biere jedoch üblicherweise in Glaskrügen ausgeschenkt, was eine komplizierte Prüfung überflüssig macht. Der Mitarbeiter des Vereins lässt sich einfach einen Humpen geben, wartet exakt eine Minute, bis der Schaum sich gelegt hat, und schaut dann, ob der Eichstrich auch schön befeuchtet ist. Und wenn nicht, gibt es eine Ansage, die sich gewaschen hat. Denn wie beschreibt sich der Verein auf seiner eigenen Homepage selbst: »Seit 1899 im Dienste des Verbraucherschutzes. Sozial, Überparteilich. Hartnäckig.« Oder mit anderen Worten: Pass bloß auf, doh!

Grund 70

Weil es Leben retten kann

One Beer a Day keeps the Doctor away. So (oder so ähnlich) lautet ein angelsächsisches Sprichwort, das sich jeder Leser dieses Buches hinter die Ohren schreiben sollte. Denn Bier gehört zu den ältesten Heilmitteln, die die Menschheit kennt.

Schon die alten Ägypter und Babylonier experimentierten mit den positiven Auswirkungen des Bieres. Ihm wurden mystische Kräfte unterstellt, was ziemlich praktisch war, denn so ließ es sich quasi gegen jede Krankheit verschreiben. Bei günstigem Krankheitsverlauf wurde das Bier als Retter gerühmt, bei negativem waren halt irgendwelche Götter oder Geister schuld. Die Welt der Mystik ist um Ausreden schließlich nie verlegen. Vor allem in Ägypten nutzen Frauen aus der Oberschicht das Bier nachweislich auch als Kosmetikprodukt, denn der Gerstensaft konnte angeblich sogar Hautunreinheiten bekämpfen. Da bekommt die Formulierung »Der Duft der Frauen« gleich eine ganz andere Bedeutung.

Die alten Griechen gingen etwas methodischer vor, sie suchten nach Ursache und Wirkung. So entdeckte Hippokrates, dass Bier die Harnausscheidung fördert, was vor allem bei Nierenerkrankungen sehr hilfreich war. Bier wurde auch schon gegen Fieber eingesetzt, bis heute ja ein beliebtes Mittel aus Großmutters Giftschrank. Tatsächlich beruhigt (warmes) Bier, es kann dabei helfen, einzuschlafen, und fördert die Schweißbildung, die Bakterien aus dem Körper schwemmt. Allerdings enthält Bier nun mal auch Alkohol, was für den Körper ein Giftstoff ist, den er zusätzlich bekämpfen muss. Abgesehen davon sind Mediziner heute der Meinung, dass das Senken von Fieber (solange es nicht bedrohlich wird) eher kontraproduktiv ist. Bei der Wundheilung richtete Bier ebenfalls nicht viel aus, da der Alkoholgehalt zum Desinfizieren zu niedrig war. Trotzdem wurde es versucht. Außerdem verschrieben die Griechen ihren Patienten Bier bei Zuckerkrankheit, was bisweilen sogar gefährlich war. In sehr kleinen Mengen richtet Bier keinen Schaden an, hilft aber auch nicht gerade. Wer zu viel trinkt (und diese Grenze ist bis heute schwer abzuschätzen) begibt sich in die Gefahr der Unterzuckerung. Noch interessanter ist das Verabreichen von Bier bei Migräne, was im alten Griechenland ebenfalls üblich war. Keine gute Idee, die Symptome verschlimmern sich eher. Außerdem wird heute vermutet, dass Bier einer der Auslöser von Migräne sein könnte. Aber wir leben ja, um zu lernen.

Erst im Mittelalter setzte sich das Bier in erster Linie als Stimulanz durch. Trotzdem wurden ihm weiter wichtige Eigenschaften zugesprochen. So tranken die Kinder der damaligen Zeit erstaunlich viel Bier. Der Alkoholgehalt war geringer als heute, aber das spielte in den Überlegungen keine Rolle. Vielmehr wurde das Bier gekocht und galt damit als rein, die Gefahr von Infektionen sank, auch wenn die genauen Zusammenhänge natürlich noch nicht bekannt waren.

Als große Verfechterin des Biers als Heilmittel gilt die Universalgelehrte Hildegard von Bingen. Manche schrieben ihr das Zitat »Bier ist unter den Getränken das nützlichste, unter den Arzneien das schmackhafteste und unter den Nahrungsmitteln das angenehmste« zu, andere vermuten einen alten Griechen namens Plutarch (45 bis 125) dahinter. Fakt ist aber, dass die heilige Hilde in ihrem Buch *causa et cura* bei verschiedenen Krankheiten zum Bierkonsum riet. Zum Beispiel generell in den Wintermonaten, wo Wasser gemieden werden solle, weil die Gewässer zu dieser Jahreszeit nicht gesund seien. Nun ja, heute wahrscheinlich nicht mehr ganz haltbar. Und auch im Sommer solle (lauwarmes) Wasser nur der zu sich nehmen, der körperlich stark ist. Alle anderen Schwächlinge, so von Bingen, sollten lieber zu mit Wasser verdünntem Bier greifen, da dieses mehr erquicke. Auch dieser These dürfte heute widersprochen werden. Aber hey, die Frau ist 81 geworden, und das im 12. Jahrhundert! Von der späteren Heiligsprechung mal gar nicht zu reden. Wenn die Frau sagt, dass das Bier den Leib und die Seele kraftigt, dann ist das so. Punkt.

Tatsächlich wurden die schädlichen Auswirkungen erst Anfang des 20. Jahrhunderts entdeckt, Zusammenhänge zwischen hohem Bierkonsum und Nieren- und Leberschäden beispielsweise. Auch der schädigende Einfluss aufs Gehirn konnte erst im letzten Jahrhundert nachgewiesen werden. Was dann folgte, war eine Generalverdammung von Alkohol, die positiven Aspekte wurden komplett unter den Tisch gekehrt.

Erst seit einigen Jahren beschäftigen sich Ärzte und Wissenschaftler auch wieder mit den Vorteilen von Bier. So wurde an der

Universität Innsbruck entdeckt, dass der Gerstentee eine durchaus entzündungshemmende Wirkung hat. Und die Tatsache, dass ein Glas Bier oder Rotwein dank ihres Magnesiumgehalts gut für das Herz- und Kreislaufsystem sind, ist mittlerweile ein alter Hut. Die einzelnen Bestandteile des Bieres haben nachgewiesen positive Auswirkungen. So beruhigt Hopfen nicht nur, sondern regt auch den Appetit und den Stoffwechsel an. Das Malz enthält alle wichtigen B-Vitamine, zum Teil zwar nur in geringen Mengen, aber immerhin. Ernährungsphysiologen loben zudem den Gehalt an Phosphorsäure (für den Zellaufbau wichtig) und Kalium im Bier. Mineralien und Spurenelemente wirken sich positiv aufs Nervenkostüm aus, auch Prostataerkrankungen und Arteriosklerose sind bei gemäßigten Biertrinkern seltener. Außerdem enthält das Getränk praktisch keine Fette und ist vollkommen cholesterinfrei. In Japan wurde herausgefunden, dass ein durchschnittliches Bier 24 verschiedene Stoffe enthält, die krebshemmend wirken. Da wollten die deutschen Kollegen nicht hintenanstehen und attestierten dem Bier, vorbeugend gegen Tumore zu wirken.

Letztlich hatten die Babylonier, Hildegard von Bingen und alle anderen Vorreiter also doch recht: Bier kann Leben retten!

Kapitel 8

Traumberufe und Industrielles

Grund 71

Weil es vielfältig verschließbar ist

Wenn es um den ordnungsgemäßen Verschluss von Bierflaschen geht, gibt es nur zwei Möglichkeiten: Bügel oder Kronkorken. Der korkige Korken für irgendwelche angeblichen Luxusbiere ist affig, und der Drehverschluss – besonders in den USA und bei Discountern beliebt – eine kulturlose Dreistigkeit sondergleichen. Ende der Diskussion! Ironie der Geschichte, dass auch der gezackte Kamerad am Kopf der Flasche in den USA erfunden wurde. Und zwar 1892 von dem aus Irland eingewanderten William Painter, der sich praktischerweise auch gleich den Flaschenöffner und einen Schleudersitz für Züge (!) ausdachte. Während sich letztgenannte Erfindung nicht durchsetzen konnte (warum eigentlich nicht?), wurde der Kronkorken ein Welterfolg. Der Vorteil des kleinen Krönchens: Im Gegensatz zum bis dahin sehr häufig verwendeten Bügelverschluss, der dem Biertrinker von heute ja durchaus auch noch unterkommt, klappert der Korken nicht am Glas herum. Außerdem ist die Herstellung wesentlich einfacher. Einstmals mit 24 Zacken ausgestattet, hat der genormte Korken von heute übrigens nur noch 21 Beißerchen, damit er nicht so schnell verkantet.

Deutlich spannender als DIN-Normen und die Blechdicke sind natürlich die Dinge, die man mit Kronkorken anstellen kann. Zum Beispiel sammeln. Dieses Hobby ist im In- und Ausland recht beliebt, da Kronkorken weltweit hergestellt werden, es also auch Korken aus Nordkorea oder aus dem Sudan gibt, die sich mal leichter, mal schwerer beschaffen lassen. Gesammelt wird alles, unterschieden nach Ländern, Verschlussarten (nicht überall gilt die DIN-Norm), Marken, Alter oder Getränken. Denn natürlich gibt es auch andere Flüssigkeiten, die mit dem Kronkorken vor schädlichen Einflüssen von außen geschützt werden sollen. Neben Wein- oder Saft-, gibt es auch Kronkorken von Tee-, Milch-, oder Soßenflaschen. Reich wird man mit dem Hobby allerdings nicht unbedingt, besonders seltene Exemplare bringen nur ein paar mickrige Hundert Euro.

Wer noch mehr Langeweile hat, kann aus den vielfarbigen Deckelchen auch ein Mosaik basteln. Auch dieses Hobby hat viele Anhänger, manche basteln still bei sich zu Hause, andere suchen die Öffentlichkeit. Weil es Kronkorken in unzähligen Farben gibt, sind der Kreativität keine Grenzen gesetzt. Von berühmten Gemälden über Sehenswürdigkeiten bis hin zu riesigen Ornamenten an der Hauswand wurde alles schon umgesetzt. Manche pflastern sogar ihre Auffahrt oder den Weg zum Haus damit.

Der Weltrekord »Größtes Kronkorken-Mosaik der Welt« wurde 2011 von einigen Schülern in Hessisch Lichtenau gebrochen. Sie bauten aus über 3,5 Millionen Kronkorken, nein, kein Bild von einem Sportwagen, einem Sonnenuntergang in der Toskana oder wenigstens einer Sony Playstation, sondern ihrem Schulwappen. Diverse Alt-68er drehen sich im Grabe um. Apropos, wer sich die Zeit bis zur letzten Reise im Mitternachtszug gen Hölle noch ein bisschen verschönern möchte, kann mit Kronkorken natürlich auch total lustige Spiele spielen. Im Grunde jedes, bei dem flache Spielsteine gebraucht werden. Beim nächsten Pärchenabend also einfach mal einen Sack alter Kronkorken mitnehmen, und dann heißt es: Beck's wirft Jever kurz vorm Bahnhof raus, Bitburger setzt Veltins Vplus schachmatt. Schlimmer als die letzten Folgen *Wetten, dass ..?* kann es auch nicht werden. Gute Unterhaltung!

Grund 72

Weil es Arbeitsplätze schafft

»So, der Herr, hier hätten wir einen 1969er Rötgesbüttler Südhang, mit fein gegerbter Brombeernote im vorderen Bereich, während der Abgang eher erdnussig bis sirupartig ist. Ein voller Körper, der sich zu den Hüften verschlankt, garantiert vollen Genuss. Das Glas, aus dem Sie trinken werden, wurde von den Insassen einer indonesischen Irrenanstalt geblasen und unterstützt den Hauch von isländischem Estragon im Mittelteil. Wenn Sie noch einen Blick auf die Farbe werfen möchten, ein Scharlachrot mit Spuren von Hubba Bubba Erdbeer, das auf dem Weg zum Mund bei entsprechendem Lichteinfall in ein zartes Cochenillerot A changiert.«

So oder ähnlich kennen wir das, wenn uns der Chef oder die neue Flamme in ein Restaurant lotst, in dem schon die Vorspeisen einen Wochenlohn kosten. Wer nicht aufpasst, kann allerdings auch an einen Biersommelier geraten. Der scharwenzelt dann um den Tisch herum, preist die positiven gesundheitlichen Auswirkungen des Konsums, referiert über Krone, Farbnuancen und Hopfen, empfiehlt diesen Tropfen zur Weinbergschnecke und jenen zum links geföhnten Kalbsrücken auf Mangokompott. Der affektiert daherredende Kobold im Frack hat eine mehrwöchige (!) Fortbildung an irgendeiner Fachakademie hinter sich, durfte zweimal in einen Braukessel gucken und glaubt nun, einem 50-jährigen Mann, der seit 35 Jahren seine Biermarke kennt und schätzt, etwas von der großen weiten Welt erzählen zu können. Deshalb erfolgt an dieser Stelle ein Aufruf an alle mündigen Verbraucher: Jagen Sie die aufdringliche Gestalt zurück in den Bierkeller und bestellen Sie das, was Sie immer nehmen: ein Bier, ein Korn und die Currywurst zum Mitnehmen. Ging immer, geht immer, wird immer gehen!

Grund 73

Weil es sich mit dem Kirchenschlüssel öffnen lässt

Es gibt so einige wissenschaftliche Themen, die die Menschheit seit ewigen Zeiten beschäftigen. Die Frage nach dem Huhn und dem Ei, der Unendlichkeit des Universums, dem Welthunger, Außerirdischen, möglichen Gottheiten. Und natürlich: Was spritzt sich Silvio Berlusconi eigentlich unter die Gesichtshaut?

Auch Biertrinker beschäftigen sich mit solchen Dingen (vornehmlich an sogenannten Stammtischen, den Debattierklubs und Herrenzimmern unserer Zeit), allerdings gibt es da eine Sache, die noch leidenschaftlicher diskutiert wird: Schmeckt Dosenbier wirklich anders als das aus der Flasche? Und wenn ja, warum? Ein sich noch immer haltendes Märchen ist dies von der nicht geschmacksneutralen Innenwand der Dose, die dem Inhalt eine metallische Note verleihen soll. Noch heute sitzen an Bushaltestellen junge Biertrinker zusammen und unterhalten sich darüber, wenn sie nicht gerade Passanten bepöbeln oder halb volle Dosen hinter Linienbussen herwerfen. Aber das ist natürlich Quatsch, denn Konservenfisch schmeckt auch nicht nach Metall, sondern in der Regel einfach nur miefig.

Allerdings, und hier liegt die Sprotte im Pfeffer, muss das Bier pasteurisiert werden, um in Dosen abgefüllt werden zu können. Dafür wird das Bier kurzfristig auf 70 Grad erwärmt und erhält das Kürzel KZE. Befürworter dieser Methode, die ja auch bei anderen Lebensmitteln angewendet wird, schwören, dass sich der Geschmack nur unwesentlich verändert. Gegner hingegen meinen, dass genau das Gegenteil der Fall sei. Und auch der allseits rührige Deutsche Brauer-Bund e.V. ist kein glühender Fan des Dosenbieres.

Dabei löste der größte Feind des Alkohols die Erfindung der Bierdose erst aus: die Prohibition. Anno 1932 war diese in den USA in ihren letzten Zügen, aber der technische Leiter der Gottfried Krueger Brewing Company, George Newman, war sich sicher, dass der Spuk bald ein Ende haben würde. Also wollte er schon mal ein bisschen Bier (genauer: Kruegers Special Beer mit 3,2 Umdrehungen) auf Halde produzieren, wusste aber nicht, wie er es haltbar machen konnte. Doch als er eine Konservendose in Händen hielt, kam ihm die Idee. Nach einer längeren Experimentierphase hatte er endlich die richtige Mischung für die Innenwand (bei den ersten Versuchen reagierte das Bier tatsächlich mit dem Blech) und ließ eine kleine Hundert für das durstige Volk brauen. Als im folgenden Jahr die ersten Dosen unters Volk gebracht werden konnten, war der Erfolg riesig. Und das obwohl die Geschosse so viel wogen wie eine Mörsergranate der Wehrmacht und auch so ähnlich aussahen. Der heute bekannte Verschluss war auch noch nicht erfunden, man musste den Deckel des Behältnisses mit ordentlich Schmackes durchstechen. Jeder Dose lag ein eigener Öffner bei, der umgangssprachlich »Kirchenschlüssel« genannt wurde. 1935 waren Bierdosen bereits in den gesamten USA erhältlich, wobei Krueger lange Zeit Marktführer war und seinen Umsatz um mehr als 500 Prozent steigern konnte.[16]

Die erste Dose mit Flüssigbrot lief in Deutschland 1937 in Braunschweig vom Band, die hatte allerdings eine konische Form (die in den USA mittlerweile sehr populär war), sah also aus wie eine Flasche und wurde auch mit einem Kronkorken verschlossen. Damit fiel zumindest das Aufstechen weg. Der Ausbruch des Zweiten Weltkriegs machte besagte Granaten dann wichtiger als die handlichen Stimmungsaufheller. Es gab irgendwann auch so wenig noch stehende Bushaltestellen, an denen man sie hätte trinken können. 1951 war es wiederum die Firma Schmalbach-Lubeca aus Braunschweig, die die ersten Dosen in Umlauf brachte. Endgültig durchsetzen konnte sich die Bierdose hierzulande allerdings erst in den Sechzigerjahren des vergangenen Jahrhunderts, da sich die Öffnungsmechanismen immer weiter verbesserten. 1962 wurde erstmals das Lift-Tab-System eingesetzt. Ein schmaler Metallstreifen im Deckel der Dose, der per Hand aufgerissen werden konnte. Aber diese Erfindung besaß nur eine kurze Lebensdauer, bereits ein Jahr später stellte der US-Amerikaner Ermal »Ernie« Fraze sein Ring-Pull-System vor, das sich über viele Jahrzehnte hielt. Die Älteren werden sich an den Spaß erinnern, den man mit diesem Ding haben konnte. Die Fingerlasche ließ sich mit dem Gegenstück nämlich prima durch die Gegend schießen. Auch würde mich interessieren, wie viele Menschen sich den Finger in der Lasche gequetscht haben oder in der Badeanstalt auf die verflixt scharfkantigen Gegenstücke getreten sind. Ja, das war schon eine tolle Sache. Die bereits 1974 wieder Geschichte hätte sein können, denn in diesem Jahr erfand Frazes Landsmann Dan Cudzik das heute gängige Stay-On-System, bei dem der Deckelverschluss einfach nach innen gedrückt wird und so keinen Müll verursacht. Leider sollte es mehr als 15 Jahre dauern, bis sich diese Idee auch hierzulande endgültig durchsetzen konnte. Die erste Brauerei, die das System nutzte, war die 1905 gegründete Falls Brewing Company aus den USA. Ob es der wieder verschließbaren Dose ähnlich ergehen wird, muss sich noch zeigen. Das System dazu gibt es längst, es heißt »Ball Resealable End« und wurde von Coca-Cola von 2009 bis 2013 getestet. Es konnte sich allerdings (noch) nicht durchsetzen.

Seitdem hat die beste Kameradin eines jeden Festivalgängers einiges durchmachen müssen. Umweltorganisationen wollten die Dose verbieten lassen, verschiedene Pfandsysteme trieben sie an den Rand der Ausrottung. Vor der Einführung des Dosenpfands wurden in Deutschland über acht Milliarden Metallbehälter mit Flüssigkeiten verkauft, danach sank die Zahl auf unter eine Milliarde. Seit einigen Jahren ist die Tendenz wieder leicht steigend.

Denn auch heute greifen genügend Menschen zur praktischen Biereinheit, die natürlich ständig weiterentwickelt wird. Einerseits wird an den Materialien geforscht, andererseits an der Ausstattung. Ob das immer sinnvoll ist, lassen wir mal dahingestellt. Eine Dose, deren Außenwand im Dunklen leuchtet, ist ganz ulkig, aber auch nicht das Ei des Kolumbus. Die selbstkühlende Dose mit eingebautem Kühlschrank wurde von dem Engländer Michael Anthony erfunden, fand aber auch nur wenige Liebhaber, da der Kühlvorgang mithilfe von komprimiertem Kohlenstoffdioxid in Gang gesetzt wird, was dem Geschmack nicht zuträglich sein soll. Der große Bruder dieser Idee, das CoolKeg (selbstkühlendes Fass), wurde 1983 an der TU München erfunden. Tucher Bräu war die erste Marke, die diese Fässer auf den Markt brachte und damit Erfolge erzielen konnte.

Doch zurück zur kleinen Dose. Irgendwann kommt sicher jemand auf die Idee, Smartphone-Technologie in die Dosen einzubauen, mit denen man dann nicht nur telefonieren kann, sondern auch den Wetterbericht abrufen und sinnlose Spielchen spielen kann, während man an der Bushaltestelle sitzt und den Tag verjuxt. Eines Tages erkennt die Dose vielleicht sogar ihren Besitzer am Fingerabdruck und wünscht namentlich einen Guten Morgen vor dem Kiosk in der Meyerstraße. Schöne neue Welt. Aber immer noch besser als Bier aus der Plastikpulle.

Grund 74

Weil es über Jahrhunderte umweltfreundlich ausgefahren wurde

Heutige Darstellungen des Bierkutschers, des Vorfahren des Fernfahrers, haben irgendwie etwas Romantisches. Da sitzt der Ernst, Sepp oder Karl auf seinem Kutschbock, die Nase rot von den vielen Bierchen, die er mit seiner Kundschaft (Gastwirte und Privatpersonen) im Laufe des Tages vernichtet hat. Die Mütze rutscht keck in den Nacken, die braune Brauschürze flattert im Wind. Hinter ihm hat sich der Wagen seiner Brauerei geleert, das Tagwerk ist vollbracht, es scheint die Sonne. Zeit, um nach Hause zu fahren, noch ein Feierabendbierchen zu trinken und sich ein Braukutscher-Schnitzel in die Wampe zu schrauben.

Tatsächlich finden sich auf gutbürgerlichen Speisekarten auffällig viele deftige Gerichte mit dem Terminus »Braukutscher« im Namen. Und das hat einen einfachen Grund: Der Job war so ziemlich das Allerletzte. Denn natürlich schien dem Braukutscher nie die Sonne, es regnete regelmäßig Hunde und Katzen. Die riesigen Bierfässer für Gaststätten musste er von Hand abladen, häufig mit einer Art Schubkarre. Und statt eines Bierchens bekam er von den Gastwirten häufig genug einen Anschiss, weil er zu spät gekommen war. Und als ob das alles noch nicht genug wäre, war auch sein Ansehen in der Bevölkerung eher übersichtlich. Klar, die Schnapsdrosseln freuten sich, wenn er um die Ecke bog. Aber als Braukutscher wurden häufig ungelernte Kräfte angestellt, die auch nicht in einer Zunft organisiert waren und dementsprechend schlecht bezahlt wurden. Saufen war auch nicht drin, zumindest nicht in größerem Umfang. Denn sonst war die schwere Arbeit nicht mehr zu erledigen, und der Kutscher saß schneller auf der Straße, als er »Prost« sagen konnte. Und die Redensart »fluchen wie ein Bierkutscher« dürfte auch nicht vom Himmel gefallen sein. Alles in allem also kein Job, den man seinen Kindern empfohlen hätte.

Heute gibt es Bierkutscher allenfalls noch als folkloristisches Element auf Festen, manche Brauereien lassen Pferdewagen mit Kutscher als Werbeträger durch die Stadt fahren. In Radeberg am Rande der Dresdner Heide übernimmt der Bierkutscher Ernst (das Original fuhr von 1871 bis 1936) die Aufgabe als Stadtführer. Auf seinem Wagen befinden sich zwar keine Fässer mehr, dafür aber eine Zapfanlage. Das Gerücht, dass die Touristen abgefüllt werden sollen, damit ihnen die Stadt besser gefällt, ist allerdings wirklich nur ein Gerücht.

In der Bierstadt Dortmund hat man dem Berufszweig sogar ein Denkmal gesetzt. Die 2,40 Meter große Statue »Der Bierkutscher«

stammt aus dem Jahr 1980 und wurde von dem Bildhauer Artur Schulze-Engels entworfen. Warum dieser wie Mao Tse-tung aussieht konnte leider nicht in Erfahrung gebracht werden.

Grund 75

Weil es aus dem Fernseher in deine Realität kommt

Kann sich eigentlich noch jemand an die herrlich behämmerte ZDF-Serie *Das Erbe der Guldenburgs* erinnern, die von 1987 bis 1990 lief? Hier stand die gesamte deutsche Schauspielerelite Spalier, von Iris Berben, Christiane Hörbiger und Brigitte Horney bis Sigmar Solbach, Ruth Maria Kubitschek und Susanne Uhlen. Und nicht zu vergessen Wilfried Baasner als Oberbösewicht Achim Lauritzen. Der versuchte, den freundlichen Martin Graf von Guldenburg (Karl-Heinz Vosgerau) übers Ohr zu hauen, was nie so richtig funktionierte. Der Graf steckte seinerseits in finanziellen Schwierigkeiten, und das trotz eines Gestüts, Anteilen an einer Privatbank und einer, Obacht, Brauerei.

Nur wenige wissen, dass die Brauerei der Guldenburgs eigentlich die Jever Brauerei war. Sie hatte das Logo des fiktiven Unternehmens entworfen. Als die Serie zu einer der erfolgreichsten der deutschen Fernsehgeschichte wurde, reagierte das Unternehmen und brachte das bis zu diesem Zeitpunkt eigentlich gar nicht existente Bier als Guldenburg Premium auf den Markt. Allerdings nicht für lange, weshalb die Dosen unter Biersammlern heute heiß begehrt sind.

Doch damit nicht genug, auch die Balbecks, die unsympathische Serienkonkurrenz, braute in der Realität ein eigenes Bier, das Balbeck Pilsener, das von der St. Pauli Brauerei (unter anderem der Vertrieb von Astra, an dessen Logo das Balbeck erinnert) stammte.

So lohnte sich das Engagement der Brauereien gleich in mehrfacher Hinsicht: Ihre Gebäude waren zur besten Sendezeit im Bild, die Logos erinnerten frappierend an die tatsächlichen Marken und am Ende gab es noch zwei »neue« Biermarken, die sich die TV-Junkies auf dem heimischen Sofa reinschütten und die Schmach wegspülen, dass Teile ihrer Lieblingsserie auf dem Grundstück von Dieter Bohlen gedreht wurden. Hach, wenn die Welt doch immer so einfach wäre.

Grund 76

Weil Sechs gewinnt

Kümmern wir uns an dieser Stelle mal um den Sixpack. Nein, wir sprechen hier nicht von unnatürlich geformten Bauchmuskeln, den für EU-Verhältnisse fast schon sensationell betitelten Gesetzgebungsmaßnahmen zur Reform des Stabilitäts- und Wachstumspakts oder einem Fachbegriff aus der Welt der Fluginstrumente. Hier geht es tatsächlich um den Sechserträger, die Mutter aller Gebinde, das Maurerradio, den Proletenkoffer. Dabei wurde das Sixpack 1923 in den USA von der bekanntesten Brausefirma der Welt in Umlauf gebracht. Die Idee kam vom damaligen Präsidenten der Firma, Robert W. Woodruff (1889–1985). Sein Anspruch war es, dass die Menschen nie länger als eine Armeslänge von einem Getränk der Firma entfernt sein dürfe. Und wer mehr Flaschen auf einmal nach Hause befördern kann, kauft automatisch mehr von den Zuckerbomben.

1968 kam dann die Firma Beck's darauf, ihre grünen Flaschen zu sechst zusammenzupferchen und sie so in den Handel zu geben. Die Erfinder des Sixpacks, wie oftmals behauptet wird, sind die Bremer damit also nicht.[17] Aber der Sechserträger wurde vor allem von

Biertrinkern geschätzt und erlangte so seine Sprichwörtlichkeit. Dabei gibt es verschiedene Möglichkeiten, Flaschen oder Dosen zusammenzubinden: Während sich bei den Glasflaschen der Sixpack aus Pappe durchgesetzt hat, wurden Dosen noch vor 15 Jahren gerne mit einem großen Stück Polyethylen zusammengehalten. Das hatte nur scheinbar Vorteile, von dem grau-weißen Kunststoff war eigentlich nicht viel zu sehen. Sechs Einfassungen für die Dosen, ein paar dünne Verbindungsstücke, fertig. Doch das Zeug, das heute nur noch vereinzelt zum Einsatz kommt, hatte gleich mehrere Nachteile. In die sieben Weltmeere geworfen, werden die Ringe schnell zur Fischfalle, wie in der *Simpsons*-Folge *Der alte Mann und Lisa* eindrucksvoll dargestellt. Der böse Mr. Burns lässt unzählige der Polyethylen-Halter zu einem riesigen Netz zusammennähen und fischt damit das Meer leer. An Land machen sich die Dinger im Übrigen nicht besser, denn hier verfangen sich andere Tiere im Kunststoff, wie zum Beispiel der Film *Happy Feet* zeigt. Und das Zeug hat Zeit, um auf seine Opfer zu warten. Wenn die Brauereien, die einst das Getränk zur Verpackung lieferten, schon längst zu Staub zerfallen sind (vom Bier gar nicht zu reden), ist Polyethylen immer noch unerschütterlich. Also lieber Finger weg!

Da wir in einer Zeit der unbegrenzten Möglichkeiten leben (Internet in der Brille, scharfe Waffen aus dem 3D-Drucker, allein vier verschiedene Sender mit RTL im Namen auf der Fernbedienung etc.), haben sich die Brauereibosse natürlich nicht lumpen lassen und hauen heute alles auf den Markt, was die Mathematik hergibt. Egal, ob fünf, neun oder 11,5 Biere im Gebinde, alles scheint möglich. Die meisten Kunden lassen solche Spielereien aber links liegen, was bedeutet, dass der gute alte Sechserträger so schnell nicht aussterben wird, auch wenn es immer neue Ideen gibt. Seit einigen Jahren kämpft zum Beispiel der Bottle Carrier um Anerkennung. Das Plastikungetüm hat einen Haltegriff und sechs Öffnungen, in die die Flaschen eingeklinkt werden können. Auch eine nette Idee, die zumindest Rohstoffe spart.

PS: Im östlichen und südöstlichen Niedersachsen hatte sich seit den Sechzigerjahren des letzten Jahrhunderts der sogenannte Konti durchgesetzt, ein Pappgebinde mit zehn Einwegglasflaschen, hauptsächlich vertrieben von den beiden Braunschweiger Brauereien Wolters und Feldschlößchen.[18] Im April 2014 erlebte der Konti von Wolters auf Kundenwunsch sein Comeback, allerdings mit den deutlich schwereren Mehrwegflaschen, weshalb sich unter der Pappe nur noch acht Pullen befinden. Na ja, für den Weg von der Tanke bis zur Party reicht es.

Grund 77

Weil es kein Zielwasser ist

Eine der vielleicht genialsten Marketing-Ideen, die je eine Brauerei ihr Eigen nennen durfte, stammt aus Irland. Das *Guinness Buch der Rekorde*, das nach mehreren Verkäufen mittlerweile der kanadischen Jim Pattison Group gehört, ist ein klassisches Beispiel dafür, wie der Name eines einzelnen Markenartikels für eine ganze Produktgattung verwendet wird. Denn natürlich gibt es diverse andere Bücher, die sich mit Rekorden beschäftigen. Doch wann immer sich irgendwo auf der Welt ein Mensch mit zu viel Zeit auf einen Pfahl setzt, fünf Schachteln Zigaretten gleichzeitig raucht oder mit einem Raketenauto eine neue Höchstgeschwindigkeit erreicht, spricht man vom *Guinness Buch der Rekorde*.

Dabei wurde diese Institution der Höher-Schneller-Weiter-Fraktion aus einer Laune heraus gegründet. Der Legende nach wurde das Buch vom damaligen Geschäftsführer der Brauerei Guinness, Sir Hugh Beaver (1890–1967), ins Leben gerufen. Der hatte bei einem Jagdausflug im Jahr 1951 angeblich einen Goldregenpfeifer verfehlt und wollte seinen Mitstreitern beim abendlichen Bier weismachen, dass es sich dabei um den schnellsten Hühnervogel Europas handele, während seine Kollegen behaupteten, das schottische Moorschneehuhn wäre noch schneller. Weil man sich nicht einigen konnte, befand Beaver (der mit seiner Einschätzung im Übrigen richtig lag), dass es für solche Probleme ein Nachschlagewerk bräuchte. Die Legende, unter anderem auch von einem gewissen Homer Simpson aus Springfield verbreitet, dass das *Guinness Buch der Rekorde* nur deshalb aufgelegt wurde, um Kneipenstreitereien zu verhindert, ist demnach definitiv nicht wahr.

Gemeinsam mit den Verlegerzwillingen Ross und Norris McWhirter, die auch für den Inhalt verantwortlich waren, brachte Beaver im Sommer 1955 das erste Werk auf den Markt. Zur Überraschung aller Beteiligten setzte sich das Buch pünktlich zu Weihnachten an die Spitze der englischen Bestsellerlisten. Deshalb erscheint das aktualisierte Werk auch bis heute immer im Herbst. Wer gar nicht weiß, was er den Liebsten schenken soll, greift eben zu diesem Buch.

Beavers ursprüngliche Idee war es gewesen, die Publikation als Werbegeschenk für Guinness-Kunden zu verschenken. Doch nun stellte sich heraus, dass sich das Ding wirklich verkaufen ließ. Und nicht nur als Buch. Im Laufe der Jahrzehnte gab es Fernsehsendungen, diverse Brett- und Computerspiele, T-Shirts, Dokumentationen und ein eigenes Museum unter dem Banner »Guinness Buch der Rekorde«. Und das alles geschah nur, weil ein verschrobener Ire nicht richtig zielen konnte und seine Kollegen keine Ahnung von europäischen Hühnervögeln hatten.

Grund 78

Weil man es auch zu Lachern aus der Konserve trinken kann

Wer kennt es nicht, das Radeberger Pilsner »die erste Brauerei, die nur nach Pilsener Brauart braute und noch bis heute braut« (zumindest außerhalb von Tschechien). Würde man als regelmäßiger Fernsehzuschauer jedes Mal zehn Cent bekommen, wenn dieser Satz aus dem Gerät tönt, man könnte sich entspannt zurücklehnen und besagtes Pilsner bis zum Sankt-Nimmerleins-Tag hauptberuflich genießen.

Die Radeberger Exportbrauerei, die heute zur Dr. August Oetker KG gehört, wurde 1872 in der Nähe von Dresden gegründet und zeichnete sich früh durch eine gewisse geschäftliche Umtriebigkeit aus. Bereits Ende des 19. Jahrhunderts wurde das Gebräu gen USA und Kanada exportiert und traf dort durchaus auf Wohlwollen. Besonders in New York City kam das Bier hervorragend an, was bis heute durch eine ungewöhnlich hohe Präsenz von Werbeschildern der Marke im US-Moloch belegt wird.

Vor rund zehn Jahren kam die Marketingabteilung des Unternehmens allerdings auf eine noch bessere Idee. Sie platzierte ihr Produkt, das inhaltlich und geschmacklich exakt das gleiche sein soll wie im Heimatland Deutschland, in verschiedenen, sehr erfolgreichen Filmen und TV-Sitcoms. So fand die Marke (neben anderen wie Beck's oder Spaten-Franziskaner-Bräu) Erwähnung in der Kinokomödie *Bierfest*, die nicht nur bewies, wie unlustig es ist, anderen beim Saufen zuzugucken, sondern auch zeigte, dass selbst lebende Legenden wie Donald Sutherland, Jürgen Prochnow oder der Sänger Willie Nelson für Geld alles machen.

Apropos, auch die Teilzeitalkoholiker der Serie *How I Met Your Mother* (mal ehrlich, wer so oft in einer Bar sitzt und sich Hartsprit reinkippt …) durften ein ums andere Mal das sächsische Getränk in die Kamera halten und dabei ihre immer gleichen Geschichten zum Besten geben, machten sich dabei allerdings nicht ganz so zum Affen.

Weitaus größere Resonanz rief die Präsenz des Pilsners in der Serie *Two and a Half Men* hervor, denn hier griff nicht irgendwer zur Flasche, sondern mit Charlie Harper der personifizierte Schluckspecht höchstpersönlich. Der Held der Serie warf nicht nur sinnlos mit Geld um sich und soff sich regelmäßig die Birne blank, sondern schleppte nebenbei mehr Prostituierte ab als ein Pornodarsteller im Amokmodus. Allerdings nahm er keine Drogen und vermöbelte seine Gespielinnen auch nicht, das macht Mr. Sheen nur im Privatleben. Dort allerdings mit wachsender Begeisterung, wie man der Boulevardpresse in regelmäßigen Abständen entnehmen kann. Was sich Radeberger genau von diesem Werbeträger versprochen hat, wurde leider nie bekannt. Aber vielleicht hängt es ja mit dem zweiten bekannten Werbespruch der Firma zusammen: »Radeberger. Schon immer besonders.«

Grund 79

Weil der Deckel drunter liegt

Haben Sie sich auch schon mal gefragt, warum ein Gegenstand, der irgendwo drunter liegt, Deckel heißt? Nun, beim Bierdeckel ist die Erklärung ganz einfach: Wer draußen sitzt, deckt mit dem kleinen Pappstück sein Glas zu, um das Getränk vor Insekten und Schmutz zu schützen. Früher bestanden die Untersetzer aus Filz, weshalb sie in manchen Regionen auch heute noch so heißen. Der Bierfilz sollte das Kondenswasser auffangen, das sich am äußeren Glas sammelte, sowie den Sabber der im vernünftigen Trinken Unkundigen aufsaugen. Außerdem wurde der Lappen zum Abdecken des Glases benutzt, daher der Name. Da dieser Filz aber nur schwer zu reinigen war (zumeist wurde er einfach an der Luft getrocknet und dem nächstbesten Gast wieder mitgegeben), wurde Ende des 19. Jahrhundert der uns bekannte Bierdeckel erfunden. Erst noch aus reiner Pappe (was zu einer gewissen Breibildung führen konnte), experimentierten verschiedene Hersteller später mit diversen Holzmischungen. Das Rennen machte schließlich die Fichte, dank ihrer immensen Saugkraft. Casimir Otto Katz (1856–1919) aus Baden kam auf die richtige Mischung, gründete eine Firma und entwickelte auf dieser Basis ein Imperium, das bis heute existiert. Bei Wikipedia wird er als »Pionier der industriellen Bierdeckelherstellung« geführt.[19] Kann sich auch nicht jeder auf den Grabstein schreiben lassen.

Nur wenige wissen, dass das quadratische, runde oder ovale Stück aus flüssigem Holzstoffbrei unter ihrem Glas nicht nur als Werbeträger dienen kann, sondern sogar als rechtsgültige Urkunde im Sinne des Strafgesetzbuches gilt. Da staunt der Gelegenheitstrinker und der Säufer wundert sich. Die Striche oder Zahlen auf dem Kneipendeckel dienen dem Wirt nämlich als Grundlage für seine Geldforderung. Es ist zwar keine gültige Rechnung, aber ein Beweis für diese. Und wer sich nun naseweis mit einer Flasche Tipp-Ex an die Theke hockt, um die letzten zehn Bierchen einfach mal verschwinden zu lassen, macht sich der Urkundenfälschung (Geldstrafe oder Freiheitsstrafe bis zu fünf Jahren) strafbar. Wer seinen Bierdeckel stumpf aufisst, ist ein Urkundenunterdrücker und wird mit Magenschmerzen und Hausverbot belegt. Mindestens!

Manch ehemaliger Spitzenpolitiker wollte den Untersetzer, den es mittlerweile in jeglicher Form und Farbe gibt, dereinst gar als Steuerformular missbrauchen, aber diese Idee konnte sich letztlich nicht durchsetzen. Lässt sich auch so schlecht wegheften, das kleine Ding.

Eng verwandt mit dem Bierdeckel ist übrigens das Pilsdeckchen (auch formschön Pilsrosette genannt), das sich bei Pilstulpen am unteren Ende des Glasstils befindet und eine ähnliche Aufgabe wie der etwas weiter südlich arbeitende Deckel übernimmt. Doppelte Saugkraft für den Zecher, wenn man so will. Manch Säugling wäre neidisch.

Grund 80

Weil es aus Amateuren Profis macht

Spätestens seit Jean Pütz, der kölnischen Antwort auf den Werkunterricht, wissen wir, dass es total lustig sein kann, Alltagsprodukte wie Leim, Honig oder Duschgel, die es in jedem Supermarkt in guter Qualität für ein paar Cent gibt, zu Hause aufwendig nachzubasteln. Danach steht vielleicht die Küche in Flammen und der ganze Stadtteil brennt ab, aber man hat das gute Gefühl, etwas selbst gemacht zu haben. So ungefähr verhält sich das mit den meisten Hobbybrauern.

Die meisten beginnen mit einem simplen Bierkit, das mittlerweile überall erhältlich ist. Hier finden sich die wichtigsten Zutaten in handlichen Tütchen verpackt. Extrakt anrühren, Hopfen oder (pfui!) Zucker dazu, Hefe oben drüber, gären lassen. Nach einer gewissen Zeit in Flaschen abfüllen, nachgären lassen, fertig. Eine dolle Sache, das ist ungefähr so, als würde man sich zu Hause eine Tütensuppe warm machen und behaupten, gekocht zu haben.

Aber natürlich gibt es auch professionellere Heimbrauer, die sich ganze Minibrauereien in die Garage bauen und hier nach Herzenslust experimentieren können. Da wimmelt es nur so von kleinen Würzepfannen, Einkochautomaten, Läuterblechen, Maischepaddeln, Malzmühlen, Kolben, Thermometern und Gärfässern. Da sind schnell mal ein paar Tausend Euro zum Teufel, bevor der erste Tropfen geflossen ist. Tatsächlich gibt es aber eine ganze Reihe von modernen Bieren, die in solchen Anlagen entstanden sind.

Der nächste Schritt ist dann der, dass ein mittlerweile kundiger Amateur an die Gerätschaften der Profis ran darf. Tatsächlich sind viele kleinere Brauereien heutzutage nicht mehr komplett ausgelastet und vermieten ihre Anlagen an Hobbybrauer mit entsprechenden Kenntnissen. Wenn letztgenannter eine wirklich gute Idee hat, kann daraus auch eine ernste Zusammenarbeit werden.

Doch damit verlässt der Heimbrauer natürlich endgültig den Pfad des reinen Zeitvertreibs. Tatsächlich darf in Deutschland jeder Bürger steuerfrei 200 Liter für den Eigenbedarf brauen, muss diese aber beim Zoll anmelden. Sonst ruft ein misstrauischer Nachbar noch die Polizei, und die GSG 9 legt die noch nicht abbezahlte Heimbraueranlage in Schutt und Asche. Wenn es mehr als diese 200 Liter werden oder die Flaschen in den Verkauf gehen, kommt der Staat und hält die Hand auf. Biersteuer, bitte sehr. Ob Jean Pütz das gefallen hätte? Eher nicht. Wahrscheinlich hätte er eine Steuervermeidungslauge angerührt oder hätte sich mit einem lauten »Puff« in Luft aufgelöst.

Kapitel 9

Sortenkunde für Fortgeschrittene

Grund 81

Weil es die Verdauung fördert

Gose ist ein echtes Spezialbier für Genießer, und im ursprünglichen Sinne wohl auch eins für Menschen mit gutem Magen. Denn als das Getränk im Mittelalter (wann sonst) im Harzstädtchen Goslar erfunden und nach dem lokalen Flüsschen benannt wurde, sorgte es für manch schnellen Abgang. Im Stadtgebiet von Goslar heißt die Gose, deren Wasser damals zum Brauen genutzt wurde, übrigens Abzucht, was für ein Bier allerdings erst recht kein schöner Name gewesen wäre.

Bereits um das Jahr 1000 herum soll die Gose in der Harzregion ausgeschenkt worden sein. Kaiser Otto III. (980–1002) gehörte angeblich zu den Fans des Getränks, das er immer dann zu sich nahm, wenn er sein Schwesterherz Adelheid im nördlichsten der deutschen Mittelgebirge besuchte. Inwiefern sich das auf seine Verdauung und damit auf seinen Regierungsstil niederschlug, ist nicht bekannt. Fakt ist allerdings, dass die Gose als schwer bekömmlich beschrieben wurde. Bei einigen Probanden soll sie gar zum Durchfall geführt haben. Kein Wunder, wird ein frühes Rezept des damals noch spontangärigen Bieres doch als eine Mischung aus Berliner Weiße (das Original, nicht der Waldmeister-Himbeer-Quatsch) und trübem Weißbier beschrieben. Als Zutaten wurden unter anderem Koriander und Kochsalz verwendet. Klingt eher mal so mittel lecker, soll aber schön säuerlich geschmeckt haben. Zur Not wurde der Sud einfach als Biersuppe gelöffelt.

Im Laufe der Jahrhunderte schwappte die so geheißene Brühe gen Osten über, vor allem in der Stadt Leipzig kam das Bier bei Adel und Bürgern sehr gut an. Warum? Das müssten Sie einen Leipziger um das Jahr 1750 fragen. Selbst das nationale Dichterdenkmal Johann Wolfgang von Goethe, da ist er schon wieder, soll sich seine

Wahlheimat Weimar mit diesem Getränk schöngesoffen haben. Sprüche wie »Die Studiosen tranken zwei bis zwanzig Gosen« oder »Was unter den Blumen die Rose, ist unter den Bieren die Gose« stammen aber sehr wahrscheinlich nicht aus seiner Feder.

Nach dem Zweiten Weltkrieg versiegte die Gose-Produktion für rund ein halbes Jahrhundert, der Trank kam einfach aus der Mode. Schließlich wurden sowohl im Harz als auch in Sachsen die Kessel wieder angeworfen, die Rezepte pfeifen dabei auf das Reinheitsgebot und variieren stark. In den letzten Jahren ist zu beobachten, dass sich auch Nordamerika und Großbritannien am mittlerweile obergärigen Verdauungsförderer aus dem Harz erfreuen, hier wird das Bier zunehmend in Kleinstauflage nachgebraut oder importiert.

Grund 82

Weil es das Steinbier (wieder) gibt

Selbst Laien, die sich weniger mit der Herstellung als vielmehr mit der Verkostung von Brauereiprodukten beschäftigen, werden irgendwo schon mal gehört haben, dass in der Würz- oder Sudpfanne die Würze für das Bier gekocht wird. Hier erfolgt auch die Zugabe von Hopfen (oder von irren Wissenschaftlern in unterirdischen Geheimlabors herangezogene Surrogate), der die Bitterkeit des Bieres bestimmt. Ein bisschen mehr Stoff für die Norddeutschen, ein bisschen weniger für die Schluckspechte unterhalb des Pilsner-Äquators. Aber es soll eine Zeit gegeben haben, in der Menschen nicht mal eben so eine Sudpfanne zur Hand hatten, zumal die großen Exemplare ein Fassungsvermögen von 500 Hektolitern oder mehr besitzen. Oder sie hatten eine Sudpfanne, allerdings eine aus Holz. Und die ließ sich schlecht direkt befeuern, da es sich sonst um eine Einmal-Sudpfanne gehandelt hätte. Die Wegwerfgesellschaft war damals aber noch nicht erfunden, deshalb musste man sich etwas anderes einfallen lassen.

Die Wahl fiel auf Steine, da diese die Wärme gut speicherten. Also rund 800 bis 1.200 Grad heiße Steine in die hölzerne Sudpfanne und ab in die Maische damit. Fertig war eines der ersten bekannten Brauverfahren der Menschheit. Und nebenbei ergab sich noch ein anderer, aromatischer Effekt: Die Zuckerstoffe der Maische karamellisierten an den heißen Steinen und wurden anschließend mitvergoren. Deshalb schmeckte Steinbier immer ein bisschen so, als hätte ein nach Karamellbonbons süchtiger Raucher gerade einen tiefen Zug von seiner Fluppe genommen und ins Bier geatmet. Fans dieses Getränkes, die vor allem in Süddeutschland, in Österreich und in Skandinavien angesiedelt waren, wussten diesen Effekt sehr zu schätzen. Da für besagten Brauvorgang häufig Natursteine verwendet wurden, mag auch der eine oder andere Mistkäfer oder Grashüpfer mit in die Gärung gelangt sein, was echte Genießer jedoch nicht störte. Mit dem Siegeszug der Sudpfanne aus Kupfer (und später Edelstahl) und dem damit verbundenen hygienischeren Brauen (praktisch mistkäferfrei) verschwand das Steinbier langsam vom Markt und machte dem heute bekannten Pfannenbier Platz.

Seit einigen Jahren ist allerdings zu beobachten, dass vornehmlich kleine Privatbrauereien wieder Steinbier anbieten. So zum Beispiel die fränkische Brauerei Leikeim, die ihr mehrfach ausgezeichnetes Steinbier auf der eigenen Homepage anpreist, als hätte Karl der Große persönlich das Getränk aus Feuer und Stein geschmiedet. Das stahlfarbene Etikett der Bierflasche und die Frakturschrift dürften jedenfalls kein Zufall sein, Excalibur lässt grüßen. Aber in einer Zeit, in der vor jeder historisch noch so unbedeutenden Kirche dreimal jährlich Ritterspiele und Mittelaltermärkte abgehalten werden, mit Sicherheit kein schlechter Marketing-Schachzug. Denn wenn der Knappe von der müden Gestalt, im Hauptberuf Versicherungsvertreter, des Abends seinen Tonkrug hebt und echtes Steinbier seine Kehle herunterstürzt, dann kann er sich seinem Ururururgroßvater ganz nahe fühlen, der an gleicher Stelle vielleicht gegen feindliche Ritter oder Orks kämpfte und nach errungenem Sieg ein ähnliches Getränk genoss.

Der Urbankeller zu Salzburg (aus der Brauerei Gusswerk, hihi) preist sein ebenfalls mehrfach ausgezeichnetes Steinbier aus dem Brauhaus Gusswerk noch auf eine andere Art an: Das Bier sei »rein biologisch«. Sollte, wenn man sich an die Reinheitsgebote hält und das Brauverfahren beachtet, eigentlich eine Selbstverständlichkeit sein, aber gut. Besser doppelt darauf hingewiesen als gar nicht. Letztlich ist Steinbier also das perfekte Getränk für historisch gebildete Bio-Bauern, die in ihrer Freizeit gerne mal Mistkäfer karamellisieren und Feste auf der Insel Avalon organisieren. Dazu ein echtes Rauchenfelser, und es kann nichts mehr schiefgehen!

Grund 83

Weil es uns auf eine Zeitreise mitnimmt

Wenn man so will, ist Emmerbier das Urbier aller Biere. Denn schon im alten Ägypten und in Mesopotamien wuchs der Emmer (eine Unterart des Weizens) munter vor sich hin. Die Chancen, dass das allererste Bier der Welt ein Emmerbier war, stehen also ziemlich gut.

Bis ins hohe Mittelalter hielt sich der Emmer auf den vorderen Ranglisten der beliebtesten Getreidesorten (neben Dinkel oder Einkorn), bis ihn modernere Sorten verdrängten.

Trotzdem wird auch heute noch Emmerbier hergestellt, wenn auch nur in sehr begrenzten Mengen.

So bietet das Riedenburger Brauhaus ein Emmerbier an, das zu 50 Prozent aus historischen Getreidesorten wie Emmer, Einkorn und Dinkel gebraut wurde und damit Markführer sein dürfte. Das schicke mittelalterliche Etikett tut sein Übriges zum Gesamteindruck. Es soll eine große Menge gesunder Vitamine, Mineral- und Ballaststoffe enthalten, die sich am Boden der Flasche ablagern und extra aufgeschüttelt werden müssen.

Das Emmerbier ist in der Regel bernsteinfarben, schmeckt extrem getreidig und weist häufig eine leichte Säure auf, die ganz entfernt sogar an Rotwein erinnert. Für Freunde leichter Biere ist dieser Trip in die Vergangenheit also eher nichts. Wer aber schon immer mal wissen wollte, was so ein Sklave geschmeckt hat, bevor er mit der Peitsche wieder Richtung Pyramidenbau getrieben wurde, ist hier an der richtigen Adresse.

Grund 84

Weil es die Monate durcheinanderbringt

Historiker und Klugscheißer werden wissen, dass das ausgeschenkte Bier auf den ersten Oktoberfesten ein Märzen war. Aber warum ein Märzen im Oktober? Ergibt doch gar keinen Sinn, oder? Ergibt es wohl!

Bereits im 16. Jahrhundert verfügte die Stadt München, dass wegen der Brandgefahr von Georgi (23. April) bis Michaeli (29.September) nicht mehr gebraut werden dürfe. Im März, also kurz vor Ablauf der Frist, brauten viele Brauer ein besonders starkes und haltbares Bier, damit der Pöbel in den fünf heißen Monaten nicht auf dem Trockenen saß. Zuerst wurden natürlich die schneller verderblichen Biere verbraucht, das Märzen lagerte oft bis zum Frühherbst in den Braukellern. Als 1810 das Oktoberfest zum ersten Mal seine Pforten öffnete, war es völlig logisch, Märzen auszuschenken (heute sind die Wiesnbiere übrigens eher Export-Biere nach Wiener Brauart). Das untergärige Vollbier passt auch geschmacklich gut in den Herbst, zeichnet es sich doch durch einen höheren Alkoholgehalt und eine sehr deutliche Hopfennote aus. In Österreich wird deutlich mehr Märzen getrunken als in Deutschland, die meisten Biere der Alpenrepublik sind Märzen.

Doch ob in Österreich, Deutschland oder den USA, wo das Märzen ebenfalls seine Fans hat – wenn Sie demnächst über die Straße gehen und einen Landwirt antreffen, der bierselig auf seiner Kutsche sitzt und das Volkslied *Im Märzen der Bauer* anstimmt, könnte es sein, dass es längst Oktober ist und Sie den kompletten Sommer verschlafen haben, Sie Penntüte!

Grund 85

Weil man alles Mögliche reinschmeißen kann

Das Lambic ist eine belgische Bierspezialität, die ursprünglich aus dem Südwesten von Brüssel stammt und sich durch einen sehr eigenen, trockenen Geschmack auszeichnet. Während in unserem westlichen Nachbarland viele Menschen auf das spontangärige, mit sehr wenig Kohlensäure versetzte Bier stehen, wird es in Deutschland eher kritisch beäugt. Auf Mittelalter-, Weihnachts- und sonstigen Märkten findet es gerade bei den jüngeren Konsumenten allerdings immer größeren Zuspruch. Vor allem in der Fruchtvariante. Am häufigsten sind Kirschbiere (Kriek) anzutreffen, es gibt aber auch Varianten mit Pfirsichen (Pecheresse) oder Himbeere (Framboise). In purem Zustand ist das Lambic, das in der Regel drei Jahre gereift ist, eher selten anzutreffen, da es einen recht säuerlichen und erdigen Geschmack aufweist. Selbst in Belgien gibt es nur wenige Brauereien, die diese Spezialität anbieten. Als Beispiel sei die 1900 gegründete Cantillon Brauerei aus Anderlecht und Brüssel genannt, die ihr »100 % Organic« aber auch exportiert. Wer sich für die Geschichte des Lambic interessiert, sollte mal in Brüssel vorbeischauen. Hier gibt es nicht nur die Brauerei und eine hauseigene Brasserie, sondern auch ein Lambic-Museum. Als weiteres Highlight bietet der Familienbetrieb öffentliche Brauvorgänge an. Das lohnt sich, denn die Firma braut noch so wie vor über 100 Jahren. Anmeldungen sind nicht erforderlich, Besuche sind laut Homepage zu jeder Tageszeit möglich. Und für die sieben Euro Eintritt gibt es noch ein Glas Bier obendrauf.

Abgesehen von seiner Ursprungsform kann das Lambic (der Name soll sich entweder vom flämischen Wort für Brennkessel oder dem nicht minder flämischen Örtchen Lembeek ableiten) auch als Ausgangssud für weitere belgische Spezereien dienen. Da hätten wir zum Beispiel die Geuze (soll sich angeblich von der deutschen Gose ableiten), ein Gemisch aus komplett vergorenem und noch nicht ganz vergorenem Lambic, das in der Flasche nachgärt. Klingt schon verführerisch. Schmeißt man Kandiszucker in die Geuze und lässt diese Brühe weiter in der Flasche gären, erhält man eine weitere Leckerei mit Namen Faro, die vor allem in den Kneipen von Brüssel beliebt ist. Hier wird dem Gast ein Schälchen mit Kandiszucker hingestellt, der Süßegrad kann so selbst bestimmt werden. Allerdings ist die Gärzeit verdammt knapp.

Ich persönlich halte mich bei meinen Belgienaufenthalten allerdings lieber an die Schokolade – die ist auch süß, beleidigt dabei aber das deutsche Reinheitsgebot nicht.

Grund 86

Weil es mitunter dampft

Wer sich im 19. Jahrhundert nach dem mühevollen Tagewerk an den Abendbrottisch setzte und dort Kartoffelpuffer und ein Dampfbier vorfand, wusste genau, was er war: ein armer Mann. Denn das Dampfbier erfreute sich aufgrund seines geringen Preises, der dem Herstellungsverfahren (günstigere Gerste, überschüssige Hefe aus anderen Brauprozessen, Hopfen aus eigenem Anbau etc.) geschuldet war, besonders bei der Landbevölkerung großer Beliebtheit. Erfunden wurde es wahrscheinlich in der Region Bayrischer Wald, es war aber auch in Westfalen und im Rheinland sehr beliebt.

Interessanterweise stammt der Name des Getränks nicht ursprünglich von dem würzigen und leicht rauchigen Geschmack (der je nach Marke stärker oder schwächer ausgeprägt ist), sondern rührt vom Gärprozess her. Hier bildet die entstehende Kohlensäure Bläschen an der Oberfläche des Gärbottichs, die, wenn sie zerplatzen, wie Dampf aussehen. Das ursprünglich obergärige Bier wird bei circa 20 Grad Umgebungstemperatur gebraut und nicht pasteurisiert, muss dafür aber natürlich kühl gelagert werden.

Allerdings war und ist der Name Dampfbier nicht geschützt. So gab es Ende des 19. Jahrhunderts Brauereien, wie zum Beispiel Maisel aus Bayreuth (gegründet 1887), die im Brauprozess neuartige Dampfmaschinen einsetzten und ihr Bier deshalb als Dampfbier verkauften. Heute gibt es eine Vielzahl von Bieren, ob Helles, dunkles Weizen oder Lagerbier, die als Dampfbiere verkauft werden. Speziell in den USA wird für Dampfbiere Lagerbier-Hefe eingesetzt. Aber auch hierzulande nehmen wir es nicht mehr sehr genau. Bei manchen Dampfbierfesten wird selbiges nicht einmal ausgeschenkt, was angesichts der Namensbildung ziemlich widersinnig ist. Aber es muss ja auch nicht immer alles einen Sinn ergeben.

Grund 87

Weil selbst giftige Fischköder ihm nichts anhaben können

London ist die Heimat dieses Bieres, das seinen Namen angeblich trägt, weil es den Schiffentladehilfskräften (= porter) am Hafen besonders gut schmeckte. Das mag zum einen an der deutlichen Bitterkeit gelegen haben, zum anderen an der höheren Volumenprozentzahl im Vergleich zu normalem Bier. Echter Stoff für echte Kerle halt. Dazu passt allerdings nicht, dass das Porter im Vergleich zum schnöden Einheitsgelöt deutlich teurer war. Mancherorts wurde es sogar als Luxusbier angepriesen, was vielleicht doch ein bisschen hoch gegriffen scheint. Nachdem die ersten Hafenarbeiter nach übermäßigem Genuss ins Becken gekippt waren, wurde schnell eine Variante mit weniger Volumenprozent entwickelt. Das Porter schmeckte zwar immer noch kräftig, machte aber nicht mehr ganz so dumm im Kopp.

Erste Nachweise von Porter gibt es aus dem 18. Jahrhundert, wo Vorläufer des Getränks aus verschiedenen Biersorten einfach zusammengemischt wurden. Etwas später setzte sich dann eine extrem malzige Variante durch (häufig mit Karamellmalzen versehen), die in den Biertrinkernationen großen Anklang fand. Allerdings hält der Engländer als solcher nicht viel vom deutschen Reinheitsgebot. Und so wanderten immer kuriosere Zutaten in den Braukessel. Ingwer, Zimt, Leinsamen, Paprika oder Lakritze mögen ja noch angehen (wenn man einen starken Magen und keinerlei Geschmacksnerven mehr besitzt). Bei gelöschtem Kalk (wird gerne zum Abstreuen von Viehställen benutzt) oder den Früchten der Scheinmyrte (für Menschen in der richtigen Dosierung tödlich) hörte der Spaß allerdings auf. Besagte Beeren wurden in Großbritannien zeitweise übrigens als Fischköder eingesetzt. Die Faustregel »Was dem Aal schadet, schadet dem Achim auch« greift in diesem

Fall also voll. Deshalb wurde in anderen Ländern nach neuen Rezepturen geforscht, vor allem in Skandinavien, Deutschland und Polen.

Für die stärkere Variante des Getränks setzte sich alsbald der Begriff »Stout-Porter« durch, was schließlich zu »Stout« verkürzt wurde. Bis heute streiten sich die Gelehrten, sogar auf der Insel, ob es einen wirklichen Unterschied zwischen Stout und Porter gibt. Die Fachseite Beerconnoisseur.com meint: Nein! Zumindest nicht historisch betrachtet, denn da meinte Stout einfach nur die stärkere Variante eines Porter.[20]

Heute laufen unzählige dunkle Biere unter den nicht geschützten Begriffen »Porter« und »Stout«, ob ober- oder untergärig, mit oder ohne Zusätze wie Süßungsmittel, deutlich mehr oder gar weniger Volumenprozent als ein durchschnittliches Pils. Als Porter oder Stout darf alles bezeichnet werden, was dunkel ist. Es gibt Frucht-Porter aus der Lausitz, Pumpernickel-Porter (mit Schwarzbrot als Zutat und einer feinen Schokoladennote) aus dem Münsterland, Oatmeal Stout mit Hafermehl aus Schottland, Redhook Double Black Stout mit echtem Kaffee aus den USA oder das Young's Double Chocolate Stout aus London, um nur einige Beispiele zu nennen.

Eine Besonderheit ist das Imperial Stout, das im England des 18. Jahrhunderts zu Ehren der russischen Zarin angesetzt und daraufhin zum Hofbier wurde. Wie alle hochprozentigen Porter oder Stouts wird auch das Imperial bis zu drei Monate lang gelagert, dieser besondere Tropfen schlummert allerdings in benutzten Whisky-Fässern. Imperial Stout wird bis heute in vielen Ländern nach leicht variierenden Rezepten hergestellt.

All diese Abwandlungen haben mit der ursprünglichen Idee eigentlich gar nichts mehr zu tun. Schließlich ging es darum, Hafenarbeiter mit einem leckeren Trunk zu versorgen, der sie stark und widerstandsfähig macht und ihre Laune hebt. Und ob die sich zum sonntäglichen Nachmittagskuchen unbedingt ein Sweet Stout mit Milchzucker in den Schädel semmeln, sei mal dahingestellt.

Aber seit die reichen Londoner Pinkel ihre Nobelbutzen am liebsten direkt in die Themse stellen würden, soll ja auch der Hafen nicht mehr sein, was er mal war …

Grund 88

Weil es letztlich doch das Licht sieht

Alles Gute kommt von unten, sagt ein altdeutsches Sprichwort. Und wie die meisten Sprichworte hat es natürlich recht. Wie bereits im Abschnitt »Biergärten« erklärt, waren und sind Bierkeller heute noch häufig im Süden der Republik anzutreffen, wo der edle Saft bei konstanter Temperatur und vor Lichteinfall geschützt auf seine Bestimmung wartet. Der Logik nach wäre es nachzuvollziehen, wenn jedes Bier, das aus einem tiefergelegten Raum kommt, automatisch ein Kellerbier wäre. Aber so einfach geht das nicht.

Das Keller- oder Zwick(e)lbier muss schon einige Voraussetzungen erfüllen, um als solches gelten zu dürfen. Allen Kellerbieren, egal ob ober- oder untergärig, ist zum Beispiel gleich, dass sie ungefiltert sind. Ursprünglich entnahm der Braumeister nämlich eine Probe des noch ungefilterten Bieres mithilfe eines Zwickels (eine Art Ventil), um es zu kosten. Der Teil der Bevölkerung, der nicht als Brauer arbeitete, wurde deshalb ziemlich sauer, weil der Privilegierte immer davon schwärmte, wie gut das Bier doch in seinem ursprünglichen Zustand schmecken würde. Das wollte der Mob auch testen, deshalb kam das Kellerbier eines Tages ans Licht. Bis heute sind diese Biere aufgrund ihrer Herstellung nicht lange haltbar und müssen frisch getrunken werden. Geschmackliche Merkmale sind die Würze, die Süffigkeit und die geringe Rezenz.

Ein empfehlenswertes Kellerbier ist zum Beispiel jenes aus dem Hause Schlappeseppel, Aschaffenburg, das 2006 bei den European

Beer Stars die Goldmedaille holte. Die deutliche Gerstenmalz-Note und das weiche Hopfenaroma lassen es herausstechen. Ob der Begründer der Brauerei, Josef Lögler, noch selbst in den Keller gekommen wäre, um sein Bier raufzuholen, ist zumindest fraglich. Der Legende nach wurde er von den schwedischen Soldaten, die 1631 Aschaffenburg eingenommen hatten, zum Bierbrauen gezwungen, weil es in der ganzen Stadt keinen einzigen Tropfen Bier mehr gab. Aufgrund einer Kriegsverletzung am Bein wurde Lögler auch der »lahme Seppel« genannt. Aber zum Brauen schien der Mann ein Talent zu haben, es mundete den Skandinaviern ausgezeichnet. Und Soldat Lögler hatte auf einmal eine neue Berufung. Aus »lahm« wurde »schlapp«, der Name der neuen Brauerei war geboren. Erstaunlich, wofür der Dreißigjährige Krieg doch alles gut war.

Grund 89

Weil es einen Platz im Himmel garantiert

Wer in seinem kümmerlichen Leben etwas Gutes tun will, hat dazu viele Möglichkeiten. Er oder sie kann einen armen Kampfhund aus dem Tierheim holen, Bill Gates überfallen und seine Milliarden dem Roten Kreuz spenden oder tritt gleich den Trappisten bei. Dieser römisch-katholische Orden spaltete sich im 17. Jahrhundert von den Zisterziensern ab, um noch demütiger, fleißiger, asketischer und stiller (Stichwort Schweigegelübde) dem Herrn zum Wohlgefallen zu dienen. Deshalb auch die offizielle Bezeichnung »Zisterzienserorden der strengeren Observanz«. Zum Oberpunkt Demut gehörte zum Beispiel das Verbot jeglicher wissenschaftlicher Studien in den Klöstern der Trappisten. Eine Logik, die man erst mal verstehen muss. In den letzten Jahren sind die Vorschriften etwas gelockert worden.

Ein Teil der immer noch schweren Handarbeit besteht aus dem Fertigen leckerer Produkte, darunter Marmelade, Käse und natürlich unser aller Lieblingsgetränk. Das ist interessant, denn die Trappisten müssen als strenge Abstinenzler leben. Das Besondere am Trappistenbier ist nicht die Sorte oder bestimmte Zutaten (es gibt quasi jede Biersorte auch als Trappistenvariante), sondern die Herstellung selbst. Denn wer das Logo des Ordens auf seine Flasche pappen will (momentan dürfen das weltweit acht Brauereien), muss unbeugsame Vorgaben erfüllen. Echtes Trappistenbier muss unter der Aufsicht und Leitung von Trappistenmönchen gebraut worden sein. Die Braustätte muss sich in einem Kloster des Ordens oder in unmittelbarer Nähe befinden (zumeist in Belgien, aber auch in den Niederlanden, Deutschland, in Österreich oder den USA). Und die Einnahmen aus dem Verkauf müssen zu einem überwiegenden Teil sozialen Zwecken gespendet werden. Womit wieder der eher weltlich orientierte Konsument ins Spiel kommt.

Denn wer in seinem Leben etwas Gutes tun möchte, kann die eingangs genannten Alternativen getrost vergessen und sich einfach so viel Trappistenbier wie möglich hinter die Binde kippen. Der Platz im Himmel ist damit quasi per Blankoscheck gesichert. Eine irgendwie beruhigende Idee.

Es gibt allerdings auch Brauereien, die sich den Heiligenschein freiwillig von der Rübe reißen, um sich die Kohle in die eigene Tasche zu stecken. Lieber ein Risiko eingehen und sich versündigen (vielleicht geht es ja auch gut und es bleibt nach dem Ableben einfach für alle schwarz), als auf der Erde verhungern. So geschehen bei der niederländischen Brauerei La Trappe, die zwischen 1999 und 2005 mit dem weltlichen Bavaria-Braukonzern (heute Bavaria-St. Pauli Brauerei, ausgerechnet) kooperierte und damit das Label »Authentic Trappist Product« verlor. Und ohne Label kein Trappistenbier. Auch das Starkbier Fluitter aus der deutschen Trappistenabtei Mariawald in der Eifel darf sich nicht so nennen. Zwar wird das Bier nach einem Originalrezept der Mönche gebraut, aber diese Aufgabe übernimmt die ziemlich weltliche Bitburger Brauerei.

Den noch deutlicheren Weg ging die bekannte belgische Brauerei Leffe, die bereits seit dem 12. Jahrhundert zwar nicht als Trappisten-, aber als Abteibrauerei bekannt war. Heute gehört sie zur Anheuser-Busch InBev-Gruppe, das Bier wird von der ebenfalls aus Belgien stammenden Brauerei Stella Artois gebraut. An die historische Vergangenheit erinnert nur noch das Label mit dem Kirchenfenster. Schade um so viel Historie.

Grund 90

Weil es auch bunt sein kann

Das Getränk Berliner Weiße gehört zu den Schankbieren, was hierzulande anzeigt, dass es sich um ein Bier mit sieben bis zehn Prozent Stammwürze und damit geringerem Alkoholgehalt handelt. Bevor die Brauereien darauf kamen, Frauen mit bunten Biermischgetränken anzulocken, hießen diese Getränke landläufig auch »Mädchenbiere«. Maximal 4,4 Umdrehungen darf so ein Sud haben, die meisten liegen deutlich darunter. Die Berliner Weiße kommt gerade mal auf schlappe 2,8 Volumenprozente, aber gerade deshalb wird sie vor allem in den wärmeren Monaten geschätzt.

Ein Großteil der Bevölkerung, Kenner natürlich ausgenommen, dürfte die hellgelbe Berliner Weiße in ihrem Urzustand oder in früheren Varianten noch nie getrunken haben. Zum Beispiel pur, mit einem Kümmelschnaps als Dreingabe. So kommt das typisch säuerliche Aroma des Bieres zum Tragen. Der Grund für diese Geschmacksnote ist im Brauprozess zu finden, wo die Weizen- und Gerstenmalze unter Zuhilfenahme von obergärigen Bierhefen milchsauer vergoren werden. Heute sind vor allem die Schuss-Varianten Rot (mit Himbeersirup) oder Grün (mit Waldmeister) beliebt, wobei auch sie langsam aus den Regalen der Shops außerhalb von Berlin zu verschwinden scheinen. Manch Verwegene kippen sich auch alkoholische Getränke verschiedenster Art dazu, was dem Wesen des Schankbiers allerdings widerspricht.

Erfunden wurde das Gebräu wahrscheinlich im 16. Jahrhundert, von dem norddeutschen Brauer Cord Broihan. Dieser versuchte, das zu dieser Zeit sehr bekannte Hamburger Bier nachzubrauen, was ihm allerdings gründlich misslang. Seine Variante des Weißbieres schmeckte aber ebenfalls nicht schlecht, weshalb sich das Getränk unter dem Namen Halberstädter Broihan schnell wachsender Beliebtheit erfreute und als Urvater der Berliner Weiße in die Geschichte einging. Rund 100 Jahre später machten sich einige Berliner daran, die Rezeptur zu verfeinern und das Bier noch bekömmlicher zu machen, was sogar von Ärzten bestätigt wurde. Der Trunk nahm die nächsten 200 Jahre Berlin und Umgebung im Sturm ein, das Weißbier aus der Stadt an der Spree war der Renner. Sogar Napoleon soll die Kaltschale als »Champagner des Nordens« gerühmt haben. Bald gab es in der späteren Hauptstadt pro Quadratmeter mehr Lokale als Einwohner. Na ja, fast. Im späten 19. Jahrhundert kam dann die Berliner Weiße mit Waldmeister-Schuss auf, einige Jahrzehnte später die Himbeervariante. Beide setzten sich am Ende durch.

Zwei Dinge sind beim Genuss des Spezialgetränks allerdings unter Androhung eines Hauptstadt-Verbots auf Lebenszeit untersagt: Berliner Weiße wird niemals aus der Flasche getrunken. Und wer einen Strohhalm in ein Bier steckt (auch wenn es rosa ist), gehört sowieso erschossen.

Kapitel 10

Bier und Kultur

Grund 91

Weil es uns Geschichte lehrt

In Schul-, Intelligenz-, und Einstellungstests sind vergleichende Fragen ein beliebtes Stilmittel, um die Eignung eines Menschen festzustellen. Gerne werden dabei auch Reihen von Wörtern aufgestellt, zu denen eines nicht passt. Zum Beispiel: Twin Towers, Flugzeug, Freiheitsstatue, Demokratie.

Rein vom Gefühl her passt die Kombination aus Bier und Straße auch nicht so hundertprozentig, besonders in Süddeutschland hat man damit allerdings keine Probleme und setzt Bierstraßen gerne in der Werbung ein. Also, Autoschlüssel abgeben, die festen Wanderschuhe übergestülpt, den Rucksack gepackt und ab dafür!

Wir starten unsere kleine »Tour-de-Broue« auf der fränkischen Bierstraße, die beim ollen Richard Wagner und seinen Walküren direkt vor der Haustür beginnt und unter anderem durch die Landkreise von Bamberg und Forchheim führt. Da es in Franken so viele Brauereien gibt, existiert die Straße gar nicht wirklich, es ist eigentlich völlig wurscht, in welche malerische Sackgasse in welchem Kaff Sie ihre Schritte lenken, irgendwo wird immer gebraut. In diesem Gebiet existieren zudem nicht weniger als vier Biermuseen, falls Sie zu Hause hauptsächlich den Eindruck eines Kulturdurstigen erwecken wollen. Besonders spannend ist das Fränkische Brauereimuseum in Bamberg, das in den Originalräumlichkeiten der ehemaligen Klosterbrauerei St. Michaelsberg untergebracht ist. Hier wurde vom 12. Jahrhundert bis ins Jahr 1969 gebraut. Wer sich also dafür interessiert, wie vor ein paar Jahrhunderten Bier hergestellt und wie dafür geworben wurde, ist hier an der richtigen Adresse.

Die Fränkische Bierstraße verläuft irgendwo in Mittelfranken ins Nichts, was aber nicht weiter schlimm ist, denn die Aischgründer Bierstraße entlang des Flüsschens Aisch schließt sich fast nahtlos an. Warum diese nicht gleich in die Fränkische Bierstraße integriert wurde, dürfte lokalpolitische (hihi) Gründe haben. Geschenkt, denn auch hier warten Brauereien und sogar ein Bierradweg (ich tippe auf extra breite Pfade und wenige Bahnübergänge) sowie diverse Veranstaltungen wie jährlich stattfindende Feste auf Interessierte.

Auch unter weiß-blauem Himmel gibt es natürlich Bierstraßen, die populärste dürfte die Bayrische Bierstraße sein. Sie startet in Ingolstadt, wo das uns bekannte Reinheitsgebot 1516 das Licht der neu gestalteten bayrischen Landesverordnung erblickte. Die größten Teile der Strecke führen durch die Hallertau, das weltweit größte Hopfenanbaugebiet, bis nach Kelheim. Auch hier warten natürlich wieder Brauereien und Museen, einer der absoluten Höhepunkte ist der Abstecher ins Kloster Ettal. Die Anlage wurde bereits im Jahr 1330 gebaut, Benediktinermönche kümmern sich bis heute um das Wohlergehen der Gäste (und ihr eigenes). Die Brauerei ist seit über 400 Jahren ununterbrochen in Betrieb, eine schöne Leistung. Wer es am nächsten Tag ruhiger angehen lassen will, der zimmert sich zum Frühstück einen klostereigenen Balancetee hinter die Kiemen. Worauf die Mönche heutzutage alles kommen …

Noch etwas weiter südlich schlängelt sich die Allgäuer Bierstraße durchs alpine Geröll. 30 kleine Brauereien und Braugaststätten verspricht die Werbung, die Route führt durch Orte wie Memmingen, Kempten, Oberstdorf oder Füssen. Wer wissen möchte, wie sich ein durchschnittlicher Japaner oder US-Amerikaner Deutschland vorstellt, sollte hier mal dabei gewesen sein. Wer sich am nächsten Morgen wie ein durchschnittlicher Japaner oder US-Amerikaner fühlt, hat allerdings Pech gehabt – unsere Freunde aus der Ferne vertragen das bayrische Bier in der Regel nämlich nicht ganz so gut.

Diese historischen Pfade des Genusses sind natürlich nicht mit jenen Abfüllstationen zu vergleichen, die temporär bei Volksfesten und Sportveranstaltungen aufgebaut werden, oder gar mit der mallorquinischen Ballermannmeile gleichen Namens, deren primärer Zweck es ist, bei penetranter Schlagerbeschallung das Gewicht von

Touristenportemonnaies zu reduzieren. Der Besuch dieser Bierstraßen hat nichts mit den oben genannten zu tun und wird im Sinne dieses Buches nicht als kultureller Ausflug gewertet. Beschwerden bitte direkt an die Veranstalter solcher Gourmetmassaker.

Grund 92

Weil es in Verbindung mit Musik funktioniert

Die Biermösl Blosn gehören zu den wichtigsten Kulturexporten des bayrischen Landes. Und sie haben eigentlich gar nichts mit Bier zu tun. Denn Biermösl steht für Beerenmoos, einen Teil des Haspelmoors, der Heimat der drei Brüder und Musikanten. Blosn hingegen weist nicht auf Blasmusik hin, sondern auf Blase, ein anderes Wort für Band oder Gruppe.

Für Nichteinheimische waren die Biermösl Blosn, die von 1976 bis 2012 existierten, nicht immer leicht zu verstehen. Aber genau darin lag ihre Kunst, in den Texten. Die harmlose Volksmusik wurde mit bitterbösen Satiren und politischen Spitzen versehen, dass es eine Art hatte. Zahlreiche Sende- und Auftrittsverbote, verweigerte Auszeichnungen und kleine Skandale (die Band legte sich bevorzugt auch mit Großkonzernen, der Strom- und Atomlobby an) sprechen für sich. Wenn man so will, sind die Biermösl Blosn die Rammstein der bayrischen Volksmusik.

Überregional bekannt wurden die Herren aus der Großfamilie (inklusive Eltern 17 Menschlein) durch ihre Auftritte in der ARD-Sendung *Scheibenwischer*, häufig in Zusammenarbeit mit Gerhard Polt. 1990 arbeiteten alle gemeinsam an dem Album *Auf dem Kreuzzug ins Glück* von Die Toten Hosen. Das mehrteilige Stück *Willi – Ein Verlierer*, eher ein Hörspiel, genießt bis heute Kultstatus.

2012 erfolgt die Trennung, da sich die Brüder nicht mehr auf eine Richtung einigen können. Die traditionellen Themen greifen auch nicht mehr, also geht man getrennte Wege, wobei alle noch in der Kabarettszene tätig sind. Doch wer einmal gesehen hat, wie die Biermösl Blosn in einem wunderbar traditionellen bayrischen Bierzelt aufspielen und dem lokalen Bürgermeister (CSU, natürlich) vor Entsetzen die Haxe aus dem Gesicht fällt, der wird zustimmen, dass man dieser Gruppe gar nicht genug huldigen kann.

Grund 93

Weil es Kunstgeschichte schrieb

Ach ja, Tuborg. Das Bier der dänischen Könige, das immer riecht, als würde man an einem Topf Honig schnuppern. Kopenhagens finest, mittlerweile zur riesigen Carlsberg-Gruppe gehörend, zählt zu den beliebtesten skandinavischen Bieren in Deutschland. Zumindest ist das Zeug an jeder größeren Tankstelle zu finden.

Aber nur wenige werden wissen, dass Dänemark eines seiner größten Kunstwerke diesem Bier zu verdanken hat. Das Bild *Der durstige Mann* aus dem Pinsel von Erik Henningsen (1855–1930) erlangte Weltruhm und zählt zu den wichtigsten Kunstwerken des Landes. Dabei entstand die Abbildung eines grün gekleideten, dicken, schwitzenden Mannes auf einem Feldweg aufgrund einer Ausschreibung der Brauerei. Die suchte im Jahr 1900 ein passendes Plakatmotiv für eine neue Werbekampagne. Der damals bereits bekannte Künstler Henningsen beteiligte sich mit seinem Ölbild, das dem Naturalismus zugerechnet wird, und verlor. Sein Kollege Jens Ferdinand Willumsen sahnte mit einem anderen Motiv (*Bier trinkender Arbeiter im Hemd*) die 10.000 Kronen Preisgeld ab. Doch alle hatten die Rechnung ohne den Tuborg-Geschäftsführer Benny

Dessau gemacht. Der überstimmte kurzerhand die sachverständige Jury aus drei Kunstkritikern und gab den durstigen Mann eigenmächtig in Druck. Dessaus Kommentar: »Kunstverstand habe ich keinen, aber das Plakat, das ist es!«[21] Der Mann sollte recht behalten.

Interessanterweise zeigt das Bild weder eine Flasche der angepriesenen Marke noch ein Etikett, ein Glas oder Ähnliches. Der vor sich hin suppende Reiner-Calmund-Verschnitt ist mit dem Tuborg-Schriftzug allein auf weiter Flur, nirgendwo eine Bar, ein Büdchen oder auch nur die Silhouette einer Kleinstadt. Der Mann kann also nicht auf Erlösung hoffen.

Vielleicht wurde das Motiv deshalb so beliebt, die Biertrinker aller Länder nahmen einfach Anteil am Schicksal des Darbenden und hätten ihm am liebsten ein Bier rübergereicht. Für Tuborg, die das Motiv jahrzehntelang verwendeten, war es der PR-Erfolg überhaupt. Dagegen können nicht mal der rund 30 Meter hohe Turborgflasken (ein 1888 errichteter Aussichtsturm in Form einer Bierflasche in Kopenhagen) oder der bekannte Tuborg-Weihnachtsmann (der die Kinder auf ihre Geschenke warten lässt und sich lieber das hauseigene Weihnachtsbier hinter den Bart schüttet) anstinken. Manchmal kann Werbung eben echte Kunst sein.

PS: Kleiner Gag am Rande: Es gilt als sehr wahrscheinlich, dass Henningsen gar nicht der Urheber des Motivs ist. Später kam heraus, dass ein unbekannter Zeichner sieben Jahre zuvor ein sehr ähnliches Bild in der deutschen humoristischen Wochenschrift *Fliegende Blätter* veröffentlicht hatte. Einzig das Geländer, an dem der Mann lehnt, ist von Henningsen, der Rest des Ölbildes erinnert fatal an die Zeichnung. Den Ruhm heimste trotzdem der Däne ein, von einer gerichtlichen Auseinandersetzung wurde nie etwas bekannt.

Grund 94

Weil es die Jugend unterhält

Welcher vernünftige Mensch würde je auf die Idee kommen, seinen Schweinebraten am Stück zu schlucken, statt ihn fachgerecht zu zerteilen? Sie? Gut, Ausnahmen bestätigen die Regel. Aber normale Zeitgenossen nicht. Das ist ebenso widersinnig, als würde man versuchen, einen Liter Bier durch einen Schlauch anzusaugen und auf ex runterzuwürgen. Womit wir beim Thema wären.

Wer sich mit den kulturellen Aspekten des Biergenusses beschäftigt, landet zwangsläufig irgendwann auf der dunklen Seite. Die Bierrutsche (heute auch gerne Bierbong genannt) ist so etwas wie der Darth Vader des Trinkgenusses. Wann sie erfunden wurde, kann niemand mehr sagen. Es sind recht alte Exemplare bekannt. In der Jugendkultur durchsetzen konnte sich der Rauschbeschleuniger aber erst in den letzten 20 Jahren. Besagte Vorrichtung besteht meistens aus einem Trichter, an dem ein Schlauch hängt. Profis installieren noch einen Hahn oder Schieber ans Ende des Trichters. Fans der TV-Serie *The Big Bang Theory* und andere Nerds verbauen mittlerweile gar hoch komplizierte Geräte mit Kompressoren, Promilleanzeigen und vielen blinkenden Lichtern, die an Raumschiffe erinnern. Aber bleiben wir der Einfachheit halber bei der Standardversion. Der Inquisitor kippt nun aus stumpfem Winkel das Bier in die Apparatur. Ist das maximale Volumen erreicht, wird der Hahn aufgedreht, der Schieber zur Seite gedrückt oder einfach der Trichter angehoben. Der Gerstensaft rast nun mit ordentlich Schmackes durch den Schlauch, an dessen anderem Ende eine zumeist jugendliche Gestalt mit offenem Schlund auf das Nass wartet. Da Bier in der Regel Schaum mit sich bringt, der nicht so schnell die Rutsche hinabgleitet und an der Innenseite des Schlauchs hängen bleibt, gehört es zum Ritual, diesen zum großen

Spaß aller Beteiligten wieder Richtung Trichter zu blasen. Haha, Schaumparty.

Weiterer Sinn und Zweck der Aktion? Maximale Betankung in möglichst kurzer Zeit. Anfänger/innen sauen sich auch gerne das T-Shirt ein oder lassen das Gebräu wieder aus der Nase schießen. Wenn jetzt noch jemand die ganze Nummer mit einem Smartphone filmt (was mittlerweile ja als sicher angenommen werden kann), die Szene mit lustiger Musik unterlegt und bei YouTube einstellt, dann ist der Festivalbesuch/die Strandfete/das Familienfest zur Erstkommunion des Nachwuchses, Google-Urteil hin oder her, für immer im digitalen Gedächtnis der Welt verankert.

Wer heute 35 Jahre und älter ist, kann über so etwas natürlich nur den Kopf schütteln und dem Biergott danken, dass damals in den Siebzigern und Achtzigern, beim traditionellen Dosenstechen (das im Grunde dem gleichen Prinzip folgte), noch keine Smartphones am Start waren. Man mag sich gar nicht vorstellen, wie viele Ärzte, Richter und Politiker, die heute gegen die unmögliche Jugend und ihre Sitten wettern, ganz schnell in Erklärungsnot geraten würden. Fakt ist allerdings auch, dass die immer größer werdenden Mengen, die durch die Apparaturen rauschen, immer größere Gesundheitsprobleme verursachen. Wer mit Reizmagen oder Schluckbeschwerden herumrennt oder nicht in der Lage ist, ein paar Hirnzellen zu verschmerzen, sollte sich daher lieber ein anderes Hobby suchen.

Grund 95

Weil es aus Fürth Paris machen kann

Die Liebe in all ihren schönen, traurigen und schmutzigen Facetten dürfte wohl das Thema sein, über das weltweit am häufigsten gesungen wird. Bier ist dem Dauerbrenner allerdings ganz dicht auf den Fersen. Und das nicht erst seit gestern.

Lieder über Bier erfreuen sich größter Beliebtheit, wahrscheinlich seit es Bier gibt. In der neueren Zeit hat sich allerdings ein Gesamtwerk angesammelt, das kaum noch zu überblicken ist. Ob Karneval, Studentenfeier, Schützenfest oder zu Hause in der guten Stube. Mit einem fröhlichen Liedchen auf den Lippen rutscht der Stoff halt gleich viel besser. So bietet sich zum Beispiel das *Bierlied* des österreichischen Schauspielers und Schriftstellers Joachim Perinet (1763–1816) an, den morgendlichen Kneipenbesuch zu verherrlichen. Denn wie heißt es da so schön: »Ich hab den ganzen Vormittag / Auf meiner Kneip' studiert / Drum sei nun auch der Nachmittag / Dem Bierstoff dedicirt.« Ebenfalls recht bekannt sind die ebenfalls von Perinet interpretierte Zeilen aus dem Wiener Singspiel *Das neue Sonntagskind* von Wenzel Müller: »Wer niemals einen Rausch gehabt / Das ist kein rechter Mann.«

Aus dem 17. Jahrhundert, vielleicht ist es noch älter, stammt das *Lothringer Bierlied*, in dem die Gerstenfelder und das daraus resultierende Getränk der Heimat gefeiert werden. Denn merke: Alle Wege führen nach Rom. Aber alle Bierwagen fahren nach Lothringen. Das ist ein Naturgesetz.

Der deutsche Schlager samt seiner Untersparten ist natürlich auch so ein Quell der Freude, was das Singen über Bier angeht. Neben den in diesem Buch bereits erwähnten oder noch zu erwähnenden Stücken gibt es da unter anderem das schöne *Der Mann am Klavier* aus dem Jahr 1954 von Paul Kuhn. Darin wird eindringlich gefordert, dem armen Musiker noch ein Bier hinzustellen, weil er sonst nämlich anfängt, Free Jazz zu intonieren. Und das kann niemand wirklich wollen. Das Schlagerduo Die Amigos geht noch einen Schritt weiter und veröffentlicht im Sommer 2014 gemeinsam mit der Greizer Vereinsbrauerei tatsächlich ein eigenes Zwickl (Kellerbier) mit dem Namen *Ein Schluck Freundschaft*. Quasi der Trank zum Sound, wohl bekomm's!

Im Heavy Metal, jener Subkultur, die durch ihre betrunkenen Matten- und Kuttenträger in den Achtzigern Angst und Schrecken verbreitete (zumindest in ländlicheren Gebieten), ist das Interesse am Gerstensaft naturgemäß ziemlich hoch. Da gibt es Bands wie Beer Vomit (französischer Grindcore), More Beer (brasilianischer Thrash Metal) oder Beer Bear (russischer Folk Metal). Auch in Songs wird immer wieder gerne über das leckere Nass philosophiert. Sei es auf heitere Weise wie bei den finnischen Folk Metallern von Korpiklaani (*Beer, Beer*), Atrophy ihren *Beer Bong* loben oder die Pfälzer Grindcoreler von Mindflair mit *Shakes Beer* lustig sein wollen. Echte Profis in Sachen Gerstensaftvertonung sind die Frankfurter Thrasher von Tankard (deutsch: Bierkrug), die ihre gesamte Karriere dem besten Getränk der Welt verschrieben haben. Songs wie *Space Beer*, *Chemical Invasion* (die Hymne für alle Chemo-Bier-Hasser), *Die With A Beer In Your Hand* oder *Beermuda* lassen keine Wünsche offen.

Den Brückenschlag von Heavy Metal und reiner Spaßmusik schlagen die Herren von J.B.O. aus Erlangen, die nicht nur eigene Kompositionen zum Thema Bier haben (zum Beispiel *Drei Tage Blau* oder *Die Freuden des Breiten Sport*), sondern sich auch an bekannten Kompositionen vergreifen. So wird bei den Comedy-Metallern aus *Griechischer Wein* (Udo Jürgens) mal eben *Fränkisches Bier*, während das furchtbare *Go West* (von den Pet Shop Boys zum Hit gemacht, im Original von den Village People) zu *Ein Fest* mutiert. Besondere Aufmerksamkeit errangen die stets rosa gekleideten Barden 1994, als sie sich in einem Song negativ über das Bier der Patrizier Bräu AG ausließen. Die Marke, die im gleichen Jahr vom Markt verschwand (nach der Fusion mit Tucher), hatte aus verschiedenen Gründen einen schlechten Ruf. Einerseits schmeckte das Bier nicht allen, andererseits entwickelte sich die AG vor allem in den Siebziger- und Achtzigerjahren des letzten Jahrhunderts zu einem Braugiganten, der nach und nach diverse fränkische Traditionsmarken und Brauereien aufkaufte und einstampfte. Auch gab es damals den Vorwurf an die Patrizier Bräu AG, sie würde Gaststätten mit ihren Verträgen ruinieren. Es gab sogar private Aktionsbündnisse gegen diese Brauerei.

J.B.O. reagierten auf die Beschwerde von Patrizier und nahmen eine neue Version des Songs auf, in dem »Patrizier Bier« durch das (nicht existente) »Pariser Bier« ersetzt wurde. Die ebenfalls aus Erlangen stammende Kitzmann Bräu KG beschwerte sich hingegen nie. Kein Wunder, schließlich werden sie in diversen Songs als Lieblingsbier der Band bezeichnet. Das Debütalbum gab es unter dem Titel *Eine gute CD zum Saufen* sogar in der Form eines Kitzmann-Bierkastens. Als Dankeschön braute die Brauerei ein spezielles Pils mit dem Namen »JBO«.

Aber egal ob Schlager oder Metal-Brett: Getrunken schmeckt so ein Bier immer noch besser als gehört.

Grund 96

Weil es nicht zu allem passt

Der Deutsche Brauer-Bund kümmert sich wirklich hinreißend um seine Schäfchen. Damit der Gastgeber eines feinen Dinners (die schönste Kultur ist ja doch die Esskultur) vor lauter Verzweiflung nicht aus Versehen zum Wein greift, weil er nicht weiß, welches Bier er zu welchem Essen servieren kann, hat der Verein den Kölner Koch Klaus Höhn beauftragt, mal eine Übersicht zu erstellen, was sich geziemt und was nicht.

So überrascht es wenig, dass sich gebratenes Fleisch mit einem einfachen Pils verträgt, während eine süße Nachspeise eher mit einem nicht minder süßen Malztrunk harmoniert. Aber es gibt auch Überraschungen. Ein Kölsch zum Eintopf wirkt irgendwie befremdlich, auch müssen nach Meinung des Verfassers dieses Buches Meeresfrüchte nicht zwingend mit einem hellen Weizenbier heruntergespült werden. Am wenigsten verträglich ist im Übrigen das dunkle Weizenbier. Das empfiehlt der Chefkoch einzig zu Wildspeisen, ansonsten hat es seiner Meinung nach auf dem Mittagstisch nichts zu suchen.

Die Fachzeitschrift *essen & trinken* empfiehlt hingegen, gleich mit Bier zu kochen. Als Vorspeise hätten wir da zum Beispiel einen Feldsalat mit Bierdressing (auf Malzbierbasis), anschließend einen Zander auf Maronenpilzgulasch (mit einem Schuss dunklen Weizenbieres) und zum Dessert eine Bierbanane (in Bierteig eingebacken). Dazu einen kräftigen Schluck Eierbier (hier werden Bier, Eigelb und Ingwer in die Milch gegeben, das Getränk wird heiß serviert). Das müsste doch jedem schmecken. Oder vielleicht auch nicht.

Puh, ganz schön kompliziert. Also doch zur Sicherheit den Schweinebraten mit Bier bestreichen, so wie es seit Tausenden von Jahren gemacht wird? Oder lieber ganz ohne Bier kochen und einfach das richtige auf den Tisch stellen? Aber was passiert eigentlich, wenn ich Kalb oder Pferd servieren möchte? Die tauchen in den Aufstellungen ebenso wenig auf wie ein simples Lamm. Und was ist mit einem sauer eingelegten Rinderbraten, von welchem Bier wird die Heidschnucke begleitet? Da warten Fallen, die sich ein Gastgeber unmöglich leisten kann. Also lieber auf Nummer sicher gehen und den mittelteuren, mitteltrockenen Rotwein aus dem Supermarkt kaufen? Nein, natürlich nicht. Einfach niemanden mehr zum Essen einladen, sondern nur noch Spiele-Abende mit Knabberkram organisieren. Zu Salzstangen passt nämlich jedes Bier!

Als Alternative bietet sich eine schöne Kugel Bierwurst an. Die heißt im Übrigen nur so, weil sie gerne zu einem Bier verzehrt wird, Bier als Zutat ist nicht enthalten. Dafür gibt es leckere andere Ingredienzien wie Speck, Muskelfleisch vom Rind, Schweinebauch und ein Schuss Weingeist. Die Kugelform dieser Wurst hat traditionelle

Gründe – früher wurde sie in eine Schweineblase gepresst. Und das passt irgendwie ja auch schon wieder zum Bier.

Grund 97

Weil es uns vergessene Volkshelden näherbringt

Etiketten von Bierflaschen haben in erster Linie die Aufgabe, Auskunft über Art, Herkunft, Beschaffenheit und Haltbarkeit des Bieres zu geben. Heute werden damit auch gerne Gewinnspiele veranstaltet oder künstlerisch völlig talentfreie Menschen dürfen ihr eigenes Label entwerfen, um die eigene Hackfresse einmal auf einem Bier prangen zu sehen oder das Ehevieh mit einer »lustigen« Idee zum 60. zu überraschen.

Manche dieser Etiketten erzählen aber auch ganze Geschichten. Wie zum Beispiel das des Räuber Kneißl Export Dunkel, ein dunkles Vollbier aus der oberbayrischen Brauerei Maisach, Privatbrauerei J. Sedlmayr.

Auf dem Etikett der Flasche wird in kurzen Worten die Geschichte des »bayrischen Robin Hood« Mathias Kneißl (1875-1902) erzählt. Der wurde als Kind einer bedürftigen Gastwirtsfamilie geboren und wanderte mit 16 Jahren zum ersten Mal in den Bau, angeblich hatte er Opferstöcke geplündert. Nach verbüßter Haft starb Kneißls Vater, was die Familie endgültig in die Armut stürzte. Mathias ging mit seinen fünf Brüdern auf Raubzüge, wurde aber kurz darauf erneut verhaftet. Nach fast sechs Jahren im Zuchthaus versuchte es der junge Mann aus Unterweikertshofen mit dem Beruf des Schreiners. Als im Betrieb dank tätiger Mithilfe eines Gendarmeriekommandanten herauskam, was Kneißl schon auf dem Kerbholz hatte, wurde er (ohne weitere Taten verübt zu haben) entlassen. Ein neuer Job war in der Region dank seines Rufes nicht zu bekommen, also begab sich Kneißl wieder auf Einbruchstour und Raubzüge. Sein Ziel waren vor allem Einsiedlerhöfe von wohlhabenden Zeitgenossen. Diese Tatsache brachte ihm vor allem in den ärmeren Bevölkerungsschichten einen guten Ruf ein. Kneißl war einer der ihren, der sich nicht mehr alles gefallen ließ, sondern sich holte, was er brauchte, und denen etwas gab, die es wirklich benötigten.

Im November 1900 erschoss Kneißl bei einem Festnahmeversuch zwei Polizisten, was sein Schicksal besiegelte. Vier Monate später konnte er endgültig verhaftet werden, wobei der Räuber dieses Mal schwer verletzt wurde. Der Gerichtshof in Augsburg verurteilte ihn ein halbes Jahr später zum Tode, zu 15 Jahren Zuchthaus und zum Verlust seiner bürgerlichen Rechte. Kneißls Kommentar: »Die Woche fängt ja schon gut an.«

Am 21. Februar 1902 endete das Leben von Räuber Kneißl unter der Guillotine. Seine Legende, zum Teil auch vermischt mit der des Bayrischen Hiasl (Matthias Klostermayr, 1736–1771), schwirrt bis heute um die Stammtische des Landes. Das Export Dunkel aus der besagten Privatbrauerei soll nach einem Originalrezept aus dem späten 19. Jahrhundert gebraut werden, es stammt also aus der Zeit des Räubers. Bier trinken kann also auch lehrreich sein. Man muss nur wissen wie. In diesem Fall ist sie les- und trinkbar.

Grund 98

Weil es für Gleichberechtigung sorgt

Wenn von Bier und Kultur die Rede ist, dann kann der Nockherberg nicht weit sein. Denn auf diesem treffen sich jährlich Geschichte, Politik und Kleinkunst in ganz einzigartiger Weise. Okay, es geht nicht immer alles glatt. Aber dafür wird ja das Bockbier ausgeschenkt.

Das Salvator-Fest gehört zu München wie der Karneval zu Köln. Es findet auf dem Nockherberg auf dem Gelände der Paulaner Brauerei statt, startet um den 17. März herum und dauert 17 Tage. In früheren Zeiten (ab dem 18. Jahrhundert) besserten die Mönche des Paulanerordens damit ihre Kasse auf, unterstützten aber auch die Bedürftigen des Umlandes. Im Laufe der Jahre wurde aus dem Anstich ein Volksfest, traditionell durfte der Fürst das erste Bier der Saison probieren. Heute müssen das Politiker übernehmen, die sich ja selbst gerne als Landesfürsten sehen. Und nicht zuletzt deshalb ist die Geschichte des Festes auch eine Geschichte voller Missverständnisse.

Denn zur guten Tradition des Festes gehört es, dass ein Festredner die (zum Teil anwesende) Prominenz auf die Schippe nimmt, das sogenannte Derbleck'n, vergleichbar mit der Büttenrede. Dieser Job wird traditionell an Schauspieler oder Komödianten, die dem konservativen Lager nahestehen, vergeben. Der bekannte Kabarettist Bruno Jonas bildete 2004 die erste Ausnahme und durfte gleich bis 2006 als Frater Barnabas (1750–1795, der wahrscheinliche Erfinder des ersten Doppelbockrezeptes) vor die Massen treten. 2007 übernahm sein Kollege Django Asül (bürgerlich: Uğur Bağışlayıcı) den Job, allerdings ohne katholische Verkleidung – und das, obwohl der Mann in Niederbayern geboren wurde! Ein noch viel größerer Skandal ist allerdings, dass zwischen 2011 und 2014 mit der Schauspielerin Luise Kinseher erstmals eine Frau das Zepter übernahm. So viel Fortschrittlichkeit hätte man hier nun wirklich nicht erwartet.

Doch damit noch lange nicht genug. 2010 kam es im Laufe der Festivitäten zu einigem Aufsehen, weil sich verschiedene Prominente, darunter Guido Westerwelle, Horst Seehofer und Christine Haderthauer (ja, genau die mit der Modellauto-Affäre) auf den Schlips getreten fühlten. Festredner Michael Lerchenberg, der in seiner Rede eine Verbindung zwischen den Zuständen im Dritten Reich und der heutigen Behandlung von Hartz-IV-Empfängern aus Sicht der FDP gezogen hatte, und Co-Autor Christian Springer (immerhin mit dem Bayrischen Kabarettpreis ausgezeichnet) traten daraufhin zurück. Lerchenberg veröffentlichte ein Jahr später mit *Blitz und Donner auf dem Nockherberg: eine Starkbier-Biografie* das Buch zum Skandal, in der ZDF-Sendung *Neues aus der Anstalt* wurde der Beitrag noch einmal gezeigt.

Ein paar Jahre zuvor, nämlich 1982, hielt der bayrische Schauspieler Walter Sedlmayr die Festrede und wurde gleichzeitig das Werbegesicht der Paulaner Brauerei, das er bis zu seiner Ermordung im Jahre 1990 auch bleiben sollte. Dann kam heraus, dass Sedlmayr vom anderen Ufer der Isar ist und Lederhosen nicht nur im Zusammenhang mit Trachten ziemlich knorke findet. Auf dem Nockherberg soll es ziemlich überraschte Gesichter gegeben haben. Oder zumindest solche, die überrascht tun. Zu den weiteren prominenten Rednern gehörten im Laufe der Jahre unter anderem Republikaner-Mitgründer Franz Schönhuber oder der Humorist Weiß Ferdl. Die Tradition der Rede wurde 1891 eingeführt, die Verkleidung als Bruder Barnabas gibt es erst seit 1992.

Aber auch vorher ging es hier und da schon mächtig rund. Zum Beispiel bei der Salvator-Schlacht von 1888. Bis heute ist nicht geklärt, was genau der Auslöser für die Auseinandersetzung zwischen Armeeangehörigen und Zivilisten war. Möglicherweise waren die Besucher über die erneute Verteuerung des Bieres verärgert, vielleicht war es auch einfach nur die Gelegenheit. Über das ganze Fest wachte an diesem Tag ein einzelner Polizist. Die Rauferei muss riesige Ausmaße gehabt haben, es wurden Säbel gezückt und Krüge geworfen. Schlussendlich machte ein Kavallerieverband der Bayrischen Armee dem Spuk ein Ende, indem sie in den Saal ritten und für Ruhe sorgten. Es ist bis heute die einzige nennenswerte Prügelei des Festes. Ansonsten geht es hier so friedlich zu wie auf dem Wacken Open Air. Nur ohne die vielen Langhaarigen.

Neben der Salvator-Rede hat sich seit vielen Jahren auch das Singspiel etabliert, in dem verschiedene Kabarettisten erneut Politiker vorführen und das Tagesgeschehen kommentieren. Doch es gab und gibt weitere Künstler, die sich vom Nockherberg und seinem illustren Treiben inspirieren lassen. Es existieren unzählige Texte und Gedichte über das Fest (unter anderem von Karl Valentin und dem Literaturnobelpreisträger Paul Heyse), es gibt Bilder und Illustrationen und sogar eine eigene Operette, die 1911 in München uraufgeführt wurde und als Grundlage für den Film *Mönche, Mädchen und Panduren* aus dem Jahr 1952 (mit Willy Millowitsch in einer Nebenrolle) diente. Man kann also mit Fug und Recht behaupten, das Fest habe die Kulturszene in München beeinflusst. Und andersherum. So sollen und müssen sich kreative Geister und geistige Getränke ergänzen. Man muss sich ja nicht immer gleich ein Ohr abschneiden!

Grund 99

Weil es reine Kunst ist

Sie haben das Völkerschlachtdenkmal, Auerbachs Keller und Johann Sebastian Bach. Leipzig ist definitiv eine Reise wert. Aber was noch viel zu wenige Menschen wissen: Leipzig hat auch einen Bierkünstler mit dem Namen Metulczki.

Metulczki, nicht zu verwechseln mit dem gleichnamigen Clown aus dem filmischen Meisterwerk *00 Schneider – Jagd auf Nihil Baxter*, hat eine Serie von Bildern gemalt, die er unter dem Titel *Trinkgedächtnisse* ausstellt. Und sein Werk, das sehen auch kunstfremde Bierfreunde, ist wirklich beeindruckend. Vor allem die gegenständlichen Schellack-Arbeiten von gefüllten Biergläsern in jeglicher Form überraschen. Es ist oft erst auf den zweiten Blick erkennbar, dass es sich nicht um Fotografien handelt, so gekonnt spielt der Maler mit dem Licht. Außerdem besteht der Künstler darauf, jedes seiner gezeichneten Biere selbst getrunken zu haben. Das macht irgendwie sympathisch.

Ein Kritiker verglich Metulczki gar mit dem großen Barockmaler Jan Vermeer. Ob es soweit gehen muss, ist eine andere Frage. Aber bevor man sich jahrhundertealte Bilder von Dienstmägden oder Mädchen mit Perlenohrgehängen anschaut, tun es auch ein paar wunderbar getroffene Biere. Und wer weiß, vielleicht dient der eine oder andere Trunkenbold, der das hier liest, dem Meister sogar irgendwann als Muse?

Wer sich selbst der Verbindung von Gebrautem und Gekünsteltem verschrieben hat, kann sich an die Webseite www.kunstundbier.de wenden. Die Georg Zentgraf-Stiftung (gegründet vom Sohn des 1976 verstorbenen Bildhauers Emil Zentgraf) hat es sich nämlich zur Aufgabe gemacht, Künstler, die diese beiden wunderbaren Bereiche vereinen, zu unterstützen. Dabei spielt es keine Rolle, ob es sich um bildende oder darstellende Kunst, Musik, Literatur oder eine andere Sparte handelt. Die Stiftung ist zudem dabei behilflich, Projekte zu entwickeln und unbekannten Künstlern eine Plattform zu bieten. Seit einigen Jahren organisiert Georg Zentgraf ein jährlich stattfindendes Bildhauersymposium in Andechs, das ebenfalls den Namen »Kunst und Bier« trägt. Hier werden besonders gelungene Ideen (die im Vorfeld im Zuge einer offenen Ausschreibung eingereicht werden müssen) ausgewählt und Künstler eingeladen, die sich dann direkt vor Ort ans Werk machen dürfen. Jedes Jahr werden besonders gelungene Exponate ausgezeichnet und in direkter Nähe zum Kloster Andechs ausgestellt. Wer jetzt nicht Pinsel, Hammer, Feder und Sixpack einpackt, hat den Ruf von Kunst und Bier nicht gehört.

Grund 100

Weil es Verbündete hat

Der Deutsche Brauer-Bund e.V. ist schon ein rühriger Verein. Immer unterwegs im Namen des Bieres. Damit er nicht so alleine dasteht, ernennt der DBB (nicht zu verwechseln mit dem Deutschen Beamtenbund oder dem Deutschen Basketball Bund) seit 2002 jährlich eine Botschafterin und einen Botschafter des Bieres. Die sollen die Kunde in die Welt hinaustragen, dass ein Leben ohne deutsches Bier zwar denkbar, aber nicht erstrebenswert ist.

Zu den Auswahlkriterien dieser beiden außergewöhnlichen Personen schreibt der Deutsche Brauer-Bund: »Mit diesem Titel ehren die deutschen Brauer Menschen, die sich durch ein außergewöhnliches Engagement ausgezeichnet haben. Dieses Engagement kann zum Beispiel ein energischer und beispielhafter Einsatz für das deutsche Bier sein oder besondere ehrenamtliche, berufliche, soziale oder politische Aktivitäten oder zukunftsweisende Initiativen.«[22] Oder ums es mit anderen Worten zu sagen: Hauptsache, die ausgewählte Person ist prominent, irgendwie vorzeigbar und verzieht nicht das Gesicht, wenn wir ihr ein Glas Bier in die Hand drücken.

Im Jahr 2002 bekamen allerdings gleich zwei Männer den begehrten Titel verliehen. Der erste war Dr. Dieter Hundt, den Fußballfans des VfB Stuttgart (bis 2013) und des österreichischen SV Bad Aussee (bis 2010, der Verein wurde anschließend nach Insolvenz aufgelöst) sicher noch bestens bekannt. Als zweiter Geehrter grinst ein gewisser Manuel Andrack von den Fotos, dereinst Sidekick bei Harald Schmidt, dann Wanderexperte und mittlerweile Kochsendungsmoderator im dritten Programm. Ein Jahr später durfte Barbara Schöneberger (RTL, ARD) gemeinsam mit einem wie immer leicht zerknittert schauenden Wolfgang Clement (SPD,

FDP) einen Hopfentee in die Kamera halten. Ob sie das deutsche Bier wirklich nach vorne gebracht haben, ist leider nicht bekannt. Die Kombination aus Fernsehsuse und Politiker schien den Machern aber gefallen zu haben, denn Jessica Schwarz und Peter Müller (CDU) folgten, anschließend weitere Politikerinnen und Politiker.

Erst 2011 kam mit der niemals schweigenden Ina Müller wieder ein »Showstar« zu Ehren, da sie in ihrer Sendung *Inas Nacht* das Motto »Singen, Sabbeln, Saufen« ausgegeben hatte. Allerdings verrät Frau Müller im Gespräch mit dem Deutschen Brauer-Bund auch, dass sie in der Sendung manchmal alkoholfreies Bier trinkt. Hätte man als Zuschauer jetzt gar nicht erwartet.

Mit Dr. Renate Sommer wurde 2012 erstmals eine eher unbekanntere Politikerin gewählt. Als Mitglied im Europaparlament und Ausschussmitglied für Umweltfragen, Volksgesundheit (!) und Lebensmittelsicherheit ist die Frau jedoch vom Fach. Und als Vize-Vorsitzende des Bierclubs der EU-Parlamentarier allemal. Ja, die haben Spaß da in Brüssel. 2013 durfte sich der damalige Umweltminister Peter Altmaier den goldenen Krug am Bande ans Revers heften. Er sei halt ein Genussmensch, so die Begründung. Schlecht zu widerlegen.

2014 wurde dann wieder ein Paar vorgestellt, das man sich gar nicht ausdenken kann, so schön ist es. Der Grünen-Politiker Cem Özdemir und die Moderatorin Sonya Kraus sehen aus, als wären sie für den Job geboren worden. In der einen Hand das Glas mit dem Getränk der Begierde, in der anderen die Auszeichnung als Botschafter/in, mit einem unverbindlichen und doch gewinnenden Lächeln in die Kamera blickend, wie ein frisch vermähltes Königspaar. Gut, dass das deutsche Bier solche Verbündeten hat!

Kapitel 11

Elf höchst subjektive edle Tröpfchen

Grund 101

Härke Rotbier

Ein ganz selten anzutreffender Vertreter ist das Härke Rotbier aus der gleichnamigen Brauerei in Peine. Die wurde 1890 von Ernst Härke gegründet, beziehungsweise kaufte dieser die Raul'sche Brauerei und deren Brauausschank. Nach dem Tod des Gründers übernahmen erst seine Witwe, ab 1927 dann sein Sohn die Geschäfte. Heinrich Härke ließ einen Neubau entwerfen, der das heute noch existierende Brauereigebäude umfasst. Der riesige Backsteinbau wurde von dem Architekten Anton van Norden (1879–1955) entworfen und steht heute unter Denkmalschutz. Die Härke Brauerei, die zwischen Braunschweig und Hannover zu finden ist. musste Ende 2012 Insolvenz anmelden, wurde anschließend jedoch von der Einbecker Brauerei übernommen und startete im Februar 2013 als BrauManufaktur Härke neu. Obwohl in Peine nur noch 16 Mitarbeiter beschäftigt werden, gibt es hier ein ganz besonderes Bier.

Schon die rotgoldene Farbe des Härke Rotbier ist ein zweites Hingucken wert, der Geschmack ist würzig, vollmundig und, für diese Biersorte eher ungewöhnlich, besonders im Abgang herb. Die 5,2 Volumenprozent (12,5 Prozent Stammwürze) würde man spontan nicht vermuten, eher mehr. Das könnte allerdings auch am eigens für dieses untergärige Vollbier entwickelten Glas in der Form eines TEKU-Pokals liegen. Der lässt nach Herstellerangaben kräftige Biere sofort stärker und würziger schmecken.

Härke Rotbier wird nur einmal im Jahr (Oktober) eingebraut und ist nicht im freien Handel erhältlich. Wer dieses Bier probieren möchte, muss sich schon ins niedersächsische Peine oder die nähere Umgebung und in einen der teilnehmenden Gasthöfe wagen. Aber auch hier besteht keine Garantie, denn es werden pro Sud nur 250 Hektoliter ausgegeben. Wenn die leer sind, heißt es wieder ein Jahr warten. Aber es lohnt sich, denn mit einem gewöhnlichen, obergärigen Rotbier, das dereinst – je nach Lesart – im 16. Jahrhundert in Nürnberg oder im 19. Jahrhundert in Westflandern erfunden wurde, hat dieses Getränk nur am Rande zu tun.

Grund 102

Baisinger Pils

Wer als Norddeutscher (oder Freund von herberen Pils-Sorten im Allgemeinen) in der schwäbischen Diaspora strandet, hat häufig ein Problem. Denn die Biere im Ländle haben gerne mal einen wässerigen Touch, die Süddeutschen sind eben keine großen Hopfen-Fans. Doch es gibt auch hier Ausnahmen wie das leckere Baisinger Pils.

Die Baisinger BierManufaktur ist seit 1775 im Ortsteil Baisingen (schau an) des Städtchens Rottenburg am Neckar beheimatet und wird von der Familie Teufel geleitet, die dementsprechend auch diverse »Teufelsbiere« (Teufele, Teufels Weiße, Keller Teufel) im Angebot hat. Das Baisinger Pils hingegen besticht durch goldgelbe Färbung, einen hopfigen Geruch und viel Würze. Im langen Abgang kommen die ordentlichen Bitternoten durch, die in dieser Region so gerne unter den Tisch fallen. Und auch das grüne Etikett mit seinem Löwen-Design hat was. Ob man nach einem Schluck des Getränks, wie in der Eigenwerbung angedeutet, gleich als König der Tiere und mit wehender Mähne die Savanne unsicher machen muss, steht auf einem anderen Blatt. Auf jeden Fall soll es die »abendlichen Jagdinstinkte« wecken und darf laut BrauManufaktur nicht nur sonntags, sondern jeden Tag genossen werden. Gut, dass das noch mal festgehalten wurde, denn andernfalls würde es wenig Sinn ergeben, dass die hauseigene Lokalität (die Braustuben Zum Löwen in Rottenburg) auch an diesem Tag geöffnet haben.

Der Biergarten des Etablissements grenzt übrigens direkt an die Brauerei, wer also scharfe Augen hat, entdeckt vielleicht den einen oder anderen Teufel bei seiner Arbeit.

Grund 103

Original Gose hell

Der Gose samt ihren Risiken und Nebenwirkungen wurde ja schon etwas weiter vorne im Buch ein ganzer Grund gewidmet, aber natürlich gehört das Original aus Niedersachsen auch zu den empfehlenswerten Tröpfchen. Denn das Getränk vom Brauhaus Goslar trägt seinen Beinamen »Harzer Urbier« wirklich nicht zu Unrecht.

Schon das Flaschenetikett verströmt mit seinen Gold- und Sandtönen eine gewisse Urigkeit. Der naturtrübe Saft hat einen recht herben Geruch, was manchen vielleicht abschrecken mag. Aber erst mal unter der Zunge und schließlich die Kehle hinuntergelaufen, offenbart die Gose ihre wahre Stärke. Die Mischung aus leichter Bitterkeit, Säure und einem starken Getreidearoma, das im Abgang fast eins zu eins an Brot erinnert, macht das obergärige Gebräu zu etwas Besonderem. Und wer jetzt noch in einem beschaulichen Fachwerkstädtchen vor oder in dem denkmalgeschützten Brauhaus sitzt (erbaut 1720) und zu seiner Gose ein Schälchen mit originaler Goslarer Braugerste knabbert (geröstet und gesalzen, sehr zu empfehlen) oder eine der zahlreichen Gose-Spezialitäten (von der Gose-Gulaschsuppe bis hin zur Roulade vom Roten Harzer Höhenvieh mit Biersoße) probiert, der kommt dem ursprünglichen Gefühl eines mittelalterlichen Biertrinkers wahrscheinlich ziemlich nahe. »Knappe, wo ist mein Schwert? Noch ein Bier und eine Hähnchenbrust mit Malzkruste, dann gehen wir Drachen töten!« Kein Wunder, dass die Viecher im Harz fast ausgestorben sind.

Grund 104

Robens Kerkerbräu

Die Robens Brauerei (der Name setzt sich aus den Vornamen der Eigentümer, Robert Kathöwer und Jens Hölzel, zusammen) aus Eldagsen bei Springe hat sich seit dem Jahr 2005 auf die Fahnen geschrieben, nach guter alter Tradition zu brauen. Filtration und Pasteurisierung sind also tabu. Dafür erhält man sehr geschmacksintensive Biere mit interessanten Aromen. Robens setzt ein klares Zeichen gegen Massenproduktion und Massengeschmack. Witzige Idee: Die 2-Mann-Brauerei kann auch besichtigt werden, auch wenn sie nur an zwei Tagen zu je zwei Stunden besetzt ist.

Das Robens Kerkerbräu ist ein mit Milchsäure gebrautes Stout, dessen Farbe noch tiefschwarzer ist als die Seele des Teufels (also nicht der aus Baisingen) persönlich. Ein leicht säuerlicher Geruch lässt aber schon früh erahnen, was gleich auf einen zukommen wird. Der Verfasser dieser Zeilen hat noch nie ein Bier getrunken, das dermaßen nach Kaffee geschmeckt hat. Und wir sprechen hier nicht von einer Geschmacksnote, sondern von einem intensiven Geschmack, der einen im ersten Moment fast umhaut und auf der Zunge explodiert wie eine Bombe. Im Abgang schmeckt das Gebräu recht säuerlich, was einer gewissen Eingewöhnungszeit bedarf. Wer das Stout nicht gierig schluckt, sondern ein wenig im Mund behält, wird mit einer leckeren Cappuccino-Note belohnt, die so wahrscheinlich ihresgleichen sucht.

Auch dieses Bier wird wohl kaum dazu in der Lage sein, in Fußballstadien und auf Schützenfesten das Pils abzulösen. Aber wenn sich das nächste Mal Tante Liesel zum Kaffee ankündigt, wäre es sicher nicht schlecht, ein paar Flaschen von diesem Getränk auf Lager zu haben. Ach ja, und frischer Streuselkuchen zum Stippen wäre schön.

Grund 105

Ale-Mania India Pale Ale

Ortstermin auf einem Bierfest im Norden Deutschlands. Auf der Speisekarte steht das Ale-Mania India Pale Ale aus Bonn – allein schon deshalb, weil es unter Pale-Ale-Anhängern einen hervorragenden Ruf genießt. Und das, obwohl die kleine Brauerei erst seit 2013 im Geschäft ist. Aber was interessieren Fakten, ran an die Zapfe und bestellt! Nicht lange mit der fast an Bernstein erinnernden Farbe aufhalten, probieren. Der erste Eindruck ist trocken, dann wird es ziemlich grasig und dezent fruchtig. Durch das starke Hopfenaroma (natürlich aus den Vereinigten Staaten importiert, hier wurden die Sorten Amarillo, Cascade, Centennial, Columbus und Simcoe verbraut), das den IPAs ja zu eigen ist, dauert es einen Moment, bis man es richtig zuordnen kann. Ja, tatsächlich, es kommt eine sehr feine Maracuja-Note durch. Der Abgang ist wieder sehr trocken, die Bitterkeit hält sich in Grenzen.

Warum dieser Stoff in den USA so extrem beliebt ist, erschließt sich dem Verkoster zwar immer noch nicht, aber wer diese Biersorte mal antesten möchte, macht mit dem Ale-Mania India Pale Ale sicher nichts falsch. Wer es noch geschmacksintensiver braucht, greift zum Imperial Red. Die verschiedenen Biersorten von Ale-Mania sind bei diversen Fachhändlern in ganz Deutschland erhältlich und werden sogar bis nach Norwegen exportiert.

Grund 106

Einbecker Brauherren Pils

Da sind sie wieder, die Erfinder des Bockbiers aus dem Süden Niedersachsens, die nachweislich seit 1378 vor sich hin brauen und seit 1794 eine Stadtbrauerei besitzen. An dieser Stelle soll allerdings nicht schon wieder der Bock aus dem Stall geholt, sondern das Brauherren Pils (4,9 Umdrehungen) gelobt werden, das aus subjektiver Sicht des Verfassers zu den besten Pilsbieren Deutschlands gehört. Warum? Weil es verdammt noch mal wie ein Pils schmeckt!

Schon der Geruch ist äußerst lecker, erinnert vor allem an frisch gemähtes Gras. Die Farbe ist hellgelb, wie es sich für diese Biersorte gehört. Im Mund liefern sich Zitronenaromen, Gerste und Hopfen ein spannendes Rennen um die geschmackliche Dominanz, während die Kohlensäure munter vor sich hin prickelt. Noch bleibt es beim Unentschieden. Doch im Abgang schlägt der Hopfen noch einmal richtig zu. »Iiih, das ist ja bitter«, höre ich da den einen oder anderen Feinschmecker aus seiner Komfortzone heraus quieken. Ja, das ist richtig. Einbecker Bauherren Pils ist herb. Und wem das nicht passt, der kann ja Limo trinken. Gibt es übrigens auch mit Zitronenaroma. Alle anderen erfreuen sich an einem ursprünglichen Pils. Und wem das noch nicht reicht, der kann sich zu dem Kasten Bier auch gleich noch ein Aktienpaket kaufen. Die Einbecker Brauhaus AG ist nämlich auch an der Börse notiert.

Grund 107

Haake Beck Kräusen

Das einzige Kräusenbier in dieser Liste stammt aus dem Hause Haake Beck. Die Bremer Traditionsbrauerei, die in den Achtzigerjahren des letzten Jahrhunderts erst von Beck's und schließlich 2004 vom Riesenkonzern Anheuser-Busch InBev geschluckt wurde, konnte sich ihren lokalen Charme bewahren. Die Marke Haake Beck ist hauptsächlich in der Hansestadt und der (weiteren) Umgebung bekannt, sollte aufgrund ihrer hohen Qualität (man koste das Pils) aber auch Bierfreunde aus anderen Regionen interessieren. Bis zur Übernahme durch Anheuser-Busch InBev wurden Bierlieferungen, die an Adressen in der unmittelbaren Umgebung der Brauerei lagen, sogar noch per Pferdekutsche ausgefahren. Der Multikonzern fand das überflüssig und machte Wagen und Pferde zu Geld. Unromantisches Pack!

Das Haake Beck Kräusen ist eine besondere Spezialität, die nicht immer einfach zu bekommen ist, deren Verkostung sich allerdings lohnt. Das naturtrübe Bier mit diesem Namen ist eigentlich fertig vergoren, allerdings schüttet man als besonderen Spaß noch ein bisschen an munter vor sich hin gärendem Jungbier dazu. Das Ergebnis prickelt angenehm auf der Zunge, hat, wie es sich für ein norddeutsches Bier gehört, aber einen herben Abgang. Lecker!

Der Name des Bieres rührt im Übrigen von einem Stadium der Gärung her. Wenn die Bierwürze so richtig schön vor sich hin gärt, entsteht ein flockiger Schaum, der mit ein bisschen Fantasie an krause Haare erinnert. Aber wie hat Roberto Blanco schon 1972 gesungen: »Ein bisschen Spaß muss sein«!

Grund 108

Herrnbräu Hefeweizen hell

Aus dem schönen Ingolstadt kommt dieses Weizenbier, das seinem Namen alle Ehre macht. Denn es schmeckt, anders als die hauseigene Konkurrenz Pantherweisse, wirklich sehr intensiv nach Hefe. Dazu kommen malzige und (dezent) fruchtige Noten. Der hohe Anteil an Kohlensäure macht es zu einem perfekten Gegenüber in einem sommerlichen Biergarten. Und auch Bruder und Schwester dürfen sich gerne dazusetzen. Denn aufgrund seiner Spritzigkeit bläht es nicht so auf wie viele Kollegen, es gehen also ein paar davon rein.

Offiziell erst im 19. Jahrhundert gegründet, reichen die Vorläufer der Herrnbräu Brauerei bis zurück ins 15. Jahrhundert. Mit Tradition wird also nicht gegeizt. Und auch unabhängige Gutachter bescheinigen dem Weizen eine überragende Qualität. Im Jahr 2014 wurden vier Biere aus der Brauerei, darunter das Herrnbräu Hefeweizen hell, mit der Goldmedaille der DLG (Deutsche Landwirtschaftsgesellschaft) ausgezeichnet. Dieser angeblich anspruchsvollste Biertest der Welt umfasste über 800 Biere, von denen schlappe 561 mit Gold ausgezeichnet wurden. Also, wenn das mal kein Grund ist, anzustoßen. Am besten natürlich in der Heimat des Gebräus, in Ingolstadt, oder im schönen Altmühltal.

Grund 109

Delirium Tremens Starkbier

Wer sein Bier Delirium Tremens nennt, hat nicht vor, eine gewöhnliche Gerstenkaltschale auf den Markt zu bringen. Und richtig, die Belgier von der Brauerei Huyghe in Melle, deren Tradition bis ins 17. Jahrhundert zurückreicht, haben mit dem bereits 1989 auf dem Markt eingeführten Delirium Tremens eine ziemliche Herausforderung für passionierte Biertrinker zusammengebraut.

Schon die Flasche und das Etikett lassen aufmerken. Die Pulle kommt im Keramik-Design (ein Fake, aber immerhin), das Label glitzert, als wäre es aus Aluminium. Auf dem Etikett ist das Markenzeichen des Bieres zu sehen, ein ziemlich breiter, rosa Elefant. Daneben schwanken aber auch Drachen und Krokodile dem Säuferparadies entgegen. Kein Wunder, der Sud hat 8,5 Umdrehungen, macht also ziemlich schnell ziemlich fertig. Die Farbe des Bieres ist wunderbar golden mit leichter Trübung, der Geruch verwirrt allerdings ein wenig. Delirium Tremens duftet wie eine Mischung aus Gummibärchen, Kaugummi, Red Bull und Parfüm für siebenjährige Prinzessinnen.

Aber es hilft ja nichts, rein damit. Und siehe da, die Fruchtnote (Apfel, Zitrone, etwas Banane) macht sich im Gaumen gar nicht mal schlecht. Nach dem zweiten Schluck hat man sich daran gewöhnt und erahnt zwischen den fruchtigen und alkoholischen Aromen sogar eine deutliche Note von Pfeffer.

Delirium Tremens ist sicher kein Bier, das man sich kästenweise in die Garage stellt, sondern eher ein kleiner Scherz für zwischendurch. Aber ein verdammt guter!

Grund 110

Köstritzer Kellerbier naturtrüb

Zur Abwechslung mal wieder eine bekanntere, einheimische Marke, allerdings mit einem besonderen Sud. Das Kellerbier naturtrüb aus dem Hause Köstritzer wird auf diversen Internetportalen mit Schmähungen versehen, was allerdings zu einem guten Teil daran liegen könnte, dass es eben aus Bad Köstritz kommt, deren Brauerei nun einmal zur Bitburger Holding GmbH gehört, die wiederum kommerziell sehr erfolgreich ist. Und Bier, das im Fernsehen schamlos beworben wird, löst bei vielen Hobby-Experten eine natürliche Abwehrreaktion bis hin zum totalen Boykott aus.

Dabei kann auch die Köstritzer Brauerei aus der Nähe von Gera auf eine lange Tradition zurückblicken, sie wurde 1543 erstmals urkundlich erwähnt und gehört damit zu den ältesten Brauereien in Deutschland überhaupt. Und sie hat berühmte Anhänger. Einer davon soll Johann Wolfgang von Goethe gewesen sein (der Kerl hat aber auch alles gesoffen). In einem Brief schrieb Goethe-Kumpel Wilhelm von Humboldt über seinen Aufenthalt in Weimar:

»Seitdem ich keinen Tee mehr trinke, ist alles aus. Ich stehe einmal am Rand des Abgrundes und einen Schritt weiter, so schwimme ich im Bier. Ach Gott!, liebes Kind, Goethe hat auf nichts Appetit, nicht auf Bouillon, Fleisch, Gemüse; er lebt von Bier und Semmel, trinkt große Gläser am Morgen aus und deliberirt mit dem Bedienten, ob er dunkel- oder hellbraunes Köstrizer oder Oberweimarisches Bier- oder wie die Greuel alle heißen – trinken soll. Doch geht er meist in eine andere Stube dazu, wenn ich da bin. Die Scheu geht doch in einer menschlichen Brust nicht ganz aus.«[23]

Das Oberweimarische Bier ist heute übrigens nicht mehr erhältlich, vermutlich war das Bier des Rittergutes Heydenreich in Ehringsdorf gemeint. Dessen Tradition wird seit 1840 von der kleinen Brauerei Weimar-Ehringsdorf fortgeführt.

Doch zurück zum ursprünglichen Thema: Bekannt ist Köstritzer seit Ewigkeiten für seine Schwarzbiere, dabei verdient das untergärige Kellerbier wirklich eine genauere Betrachtung. Die Farbe wechselt je nach Lichteinfall zwischen Orange und Golden, eine wirklich gelungene Komposition. Der Geruch ist ganz leicht säuerlich, vor allem aber getreidig. Auf der Zunge perlt das Getränk schön frisch, im Abgang ist es für ein Kellerbier erstaunlich bitter. Aber genau das unterscheidet dieses Bier von anderen. Und es ist verdammt jung, denn es kam erst im Februar 2014 auf den Markt, hat dafür (neben den Neidern) aber auch schon eine Menge Fans – unter anderem den Verfasser dieser Zeilen. Frisch gezapft ein echter Hingucker und -schmecker, mit dem man schnell per Du werden kann.

Grund 111

Midtfyns Bryghus Chili Klaus Ghost

So, hier ist jetzt aber mal absolut Schluss mit lustig. Liebhaber von gefärbtem Wasser mit Schaumkrone, als Beispiele seien das chinesische Tsingtao oder das brasilianische Brahma genannt, können gleich weiterblättern (auch wenn nichts mehr kommt) oder wieder von vorne zu schmökern beginnen. Denn Chili Klaus Ghost von der dänischen Firma Midtfyns Bryghus ist nur was für Menschen, deren Geschmacksnerven gerne Horrorfilme gucken und sich dabei schon lange nicht mehr gruseln. Also genau das Richtige für die meisten Leser dieses Buches.

Wer dieses Starkbier mit seinen 9,2 Volumenprozent in den Mund nimmt, ist angesichts des Namens erst mal überrascht. Eine starke Malznote, ein bisschen Hopfen und eine nicht wegzudiskutierende Süße lassen ein wohliges Gefühl im Rachenraum entstehen. Doch wenn der Saft erst einmal die Kehle hinuntersaust, kommt die Ghost Chili zum Tragen. Hinter diesem Namen verbirgt sich die indische Bhut Jolokia, die bis 2012 schärfste bekannte Chili-Sorte und die erste Pflanze, die einen Wert von rund einer Million Scoville-Einheiten erreichte. Freunde der gewürzten Tomatensuppe wissen, was das bedeutet – da ist Karneval im Zentralhirn angesagt. In der westlichen Welt wird die Bhut Jolokai auch Geister-Chili genannt, weil der Genuss dieser kleinen fiesen Dinger angeblich für einen Moment die Seele verjagt und man als Geist weiterlebt, bis die Schärfe nachlässt.

Ganz so heftig geht es beim Chili Klaus Ghost nicht zu. Die Schärfe ist zwar deutlich wahrnehmbar, für ungeübte Gaumen vielleicht auch sehr deutlich, die Seele bleibt aber da, wo sie ist – sofern sie überhaupt da ist. Und auch nach zwei Humpen verwandelt man sich noch nicht in einen Zombie (eigentlich schade). Zarte Pflänzchen, denen schon bei Pfeffernoten der Schweiß von der Stirn sickert, können ja ein Glas Milch oder eine Scheibe Weißbrot zur Neutralisierung mit sich führen. Vorsicht ist allerdings allein schon aufgrund des hohen Alkoholgehalts geboten.

QUELLENVERZEICHNIS

1 Jens Hofmann auf braulotse.de, www.braulotse.de/startseite/bier/historische-biere.html, abgerufen am 30.08.2014

2 http://stadtgeschichte-guestrow.jimdo.com/%C3%BCber-das-weltbekannte-g%C3%BCstrower-kniesenack-bier/, abgerufen am 07.09.2014

3 Der Spiegel vom 27.09.2010, Seite 149, www.spiegel.de/spiegel/print/d-73989826.html, abgerufen am 25.06.2014

4 Einundzwanzig.de, Juni 2011, www.einundzwanzig.de/1926.html?article=2169, abgerufen am 25.06.2014

5 www.brauer-bund.de/download/Archiv/PDF/statistiken/120320%20Absatz%20von%20Biermischungen%201998%20-%202011.pdf, abgerufen am 03.07.2014

6 Wikipedia.de, http://de.wikipedia.org/wiki/Internationaler_Tag_des_Bieres, abgerufen am 23.07.2014

7 Florian Rötzer auf heise.de, 10.08.2013, www.heise.de/tp/artikel/39/39655/1.html, abgerufen am 29.08.2014

8 Mario Brück auf Wirtschaftswoche online, 17.07.2013, www.wiwo.de/unternehmen/handel/bierhersteller-afrika-braut-sich-nach-vorn/8508516.html, abgerufen am 29.08.2014

9 www.admin.ch/opc/de/classified-compilation/19730319/index.html, abgerufen am 19.08.2014

10 Julie Johnson auf www.allaboutbeer.com, 01. Juli 2010, abgerufen am 12.06.2014

11 Thomas Hirschbiegel auf www.mopo.de, 05. Mai 2012, abgerufen am 13.06.2014

12 Brigitte Caspary auf Hamburger Abendblatt online, 29.Dezember 2011, www.abendblatt.de/wirtschaft/article2141768/Das-staerkste-Bier-der-Welt-kommt-aus-Deutschland.html, abgerufen am 29.07.2014

13 The Beercast.com, 28. April 2014, http://thebeercast.com/2014/04/brewmeister.html, abgerufen am 29.07.2014

14 www.braunschweig.de/tourismus/ueber-braunschweig/spezielles/spezi_mumme.html, abgerufen am 12.09.2014

15 Christoph Fröhlich auf Stern Online, 05. Januar 2014, www.stern.de/panorama/spektakulaerer-einbruch-diebe-klauen-16000-bierflaschen-2081237.html, abgerufen am 30. 07.2014

16 Andreas Böhme auf WAZ online, 22.01.2010, www.derwesten.de/waz-info/75-jahre-dosenbier-id2424031.html, abgerufen am 21.07.2014

17 Bild online, 30. Juni 2013, www.bild.de/geld/wirtschaft/becks-brauerei/bremer-bier-fuer-die-welt-becks-feiert-140-geburtstag-30841456.bild.html, abgerufen am 22.07.2014

18 BraunschweigHeute.de, 19. Februar 2014, http://braunschweigheute.de/kein-scherz-im-april-kehrt-der-legendaere-wolters-conti-zurueck/, abgerufen am 12.09.2014

19 Wikipedia.de, http://de.wikipedia.org/wiki/Casimir_Otto_Katz, abgerufen am 21.06.2014

20 Martyn Cornell auf www.beerconnoisseur.com, 12. Juli 2009, www.beerconnoisseur.com/porter-versus-stout, abgerufen am 24.07.2014

21 www.denstoredanske.dk/Dansk_Biografisk_Leksikon/Handel_og_industri/Bryggeridirekt%C3%B8r/Benny_Dessau, abgerufen am 07.09.2014

22 www.brauer-bund.de/index.php?id=154&ageverify=16&PHPSESSID=37ce40b52c5bd111541a94fbfd648607, abgerufen am 04.07.2014

23 Anna von Sydow (Hrsg.): Wilhelm und Caroline von Humboldt in ihren Briefen: Reife Seelen. Briefe von 1820–1835, Zeller, 1968, Seite 183

MARC HALUPCZOK wurde 1975 im Spannungsfeld von Brauereien wie Wittinger, Wolters, Härke und Feldschlösschen geboren und musste sich allein deshalb mit dem goldgelben Gebräu auseinandersetzen. Nach zahllosen Selbstversuchen stellte er fest, dass Bier sein Bier ist, und vertiefte seine Studien, die bis heute intensiv fortgeführt werden.

Marc Halupczok
111 GRÜNDE, BIER ZU LIEBEN
Das Buch gegen den Durst

ISBN 978-3-86265-399-7
 | Coverfotos: © thinkstock.de/ Pavlo Kovernik | Bilder im Innenteil: S.13: © thinkstock.de/Photos.com; S.37: © thinkstock.de/ToniFlap; S.51: © thinkstock.de/stillwords; S.73: © thinkstock.de/Digital Vision; S.95: © thinkstock.de/marionette76; S.113: © thinkstock.de/sakhorn38; S.131: © thinkstock.de/Wavebreakmedia Ltd; S.153: © thinkstock.de/pyzata; S.173: © thinkstock.de/Mypurgatoryyears; S.189: © thinkstock.de/boule13 | S.209: © thinkstock.de/boule13 | Icons im Innenteil: thinkstock.de/da-vooda | Autorenfoto: Privatarchiv

KATALOG
Wir senden Ihnen gern kostenlos unseren Katalog.
Schwarzkopf & Schwarzkopf Verlag GmbH
Kastanienallee 32, 10435 Berlin
Telefon: 030 – 44 33 63 00
Fax: 030 – 44 33 63 044

INTERNET | E-MAIL
www.schwarzkopf-schwarzkopf.de
info@schwarzkopf-schwarzkopf.de